essentials

Essentials liefern aktuelles Wissen in konzentrierter Form. Die Essenz dessen, worauf es als „State-of-the-Art" in der gegenwärtigen Fachdiskussion oder in der Praxis ankommt. *Essentials* informieren schnell, unkompliziert und verständlich

- als Einführung in ein aktuelles Thema aus Ihrem Fachgebiet
- als Einstieg in ein für Sie noch unbekanntes Themenfeld
- als Einblick, um zum Thema mitreden zu können

Die Bücher in elektronischer und gedruckter Form bringen das Fachwissen von Springerautor*innen kompakt zur Darstellung. Sie sind besonders für die Nutzung als eBook auf Tablet-PCs, eBook-Readern und Smartphones geeignet. *Essentials* sind Wissensbausteine aus den Wirtschafts-, Sozial- und Geisteswissenschaften, aus Technik und Naturwissenschaften sowie aus Medizin, Psychologie und Gesundheitsberufen. Von renommierten Autor*innen aller Springer-Verlagsmarken.

Matthias Fischer

Nachhaltigkeits-management im Gesundheitswesen

Konzeptionelle Grundlagen und Orientierungshilfen

Prof. Dr. Matthias Fischer
Department für Ökonomie und
Nachhaltigkeit im Gesundheitswesen
(DÖNG)
Hochschule für Gesundheit
Bochum, Deutschland

ISSN 2197-6708 ISSN 2197-6716 (electronic)
essentials
ISBN 978-3-658-44393-1 ISBN 978-3-658-44394-8 (eBook)
https://doi.org/10.1007/978-3-658-44394-8

Die Deutsche Nationalbibliothek verzeichnet diese Publikation in der Deutschen Nationalbibliografie; detaillierte bibliografische Daten sind im Internet über http://dnb.d-nb.de abrufbar.

Planung/Lektorat: Margit Schlomski
Springer Gabler ist ein Imprint der eingetragenen Gesellschaft Springer Fachmedien Wiesbaden GmbH und ist ein Teil von Springer Nature.
Die Anschrift der Gesellschaft ist: Abraham-Lincoln-Str. 46, 65189 Wiesbaden, Germany

Das Papier dieses Produkts ist recyclebar.

Was Sie in diesem *essential* finden können

- Eine grundlegende Einführung in das Nachhaltigkeitsmanagement mit spezifischem Fokus auf das Gesundheitswesen
- Eine Übersicht über Begrifflichkeiten und die Anforderungen an unternehmerisches Nachhaltigkeitsmanagement
- Einen Leitfaden zur Entwicklung einer Nachhaltigkeitsstrategie in Ihrer Organisation
- Einen groben Überblick über die Anforderungen der Nachhaltigkeitsberichterstattung und nationale und internationale Hilfestellungen zur Berichterstellung

Meinen lieben Kindern
Meiner lieben Frau

Vorwort

Welche Assoziationen kommen Ihnen in den Sinn, wenn Sie von „Nachhaltigkeit" hören? Bilder von einer heilen Welt, die jedoch fern in der Zukunft liegt und kaum zu erreichen scheint? Bilder von Verteilungskonflikten und den Gefahren des Klimawandels? Oder konkrete Assoziationen von Nachhaltigkeitsdreiecken, Kreislaufsymbolen oder Gerechtigkeitstheorien?

Und was denken Sie beim Begriffspaar „Nachhaltigkeit" und „Gesundheitswesen"? Geht es hier um die reine Erhaltung des Status quo? Oder geht es um eine Umgestaltung des Systems mit neuen, vielleicht sogar experimentellen Ansätzen? Provokant gefragt: Braucht man ein derart unscharf wirkendes Konzept? Oder wären konkrete Begriffe hilfreicher?

Ganz gleich, welches Vorwissen – und vielleicht auch welche Vorurteile – Sie mitbringen: In diesem Buch können Sie sich ein grundlegendes Wissen zum Thema Nachhaltigkeitsmanagement im Gesundheitswesen aufbauen. Und auf dieser Basis selbst entscheiden, ob und welche Aspekte für Sie relevant sind. Dabei geht es bewusst um eine erste Einführung auf Basis grundlegender Konzepte, die zum Teil im Verlauf der Jahrzehnte und innerhalb der Wissenschaftscommunity bereits wesentlich tiefergehend ausdifferenziert worden sind. Falls Sie sich für das Thema Nachhaltigkeitsmanagement nach Abschluss der Lektüre dieses Büchleins weitergehend informieren möchten, empfehle ich einen Blick ins Literaturverzeichnis, in dem sich viele der im Folgenden präsentierten Inhalte noch wesentlich umfassender erarbeiten lassen.

Auch wenn ich große Sorgfalt in dieses Essential investiert habe, schließe ich nicht aus, dass mir in einzelnen Fällen letzte Flüchtigkeitsfehler entgangen sind. Für Hinweise zu deren Korrektur bin ich im Sinne eines kontinuierlichen Verbesserungsprozesses ebenso wie für konstruktives Feedback sehr dankbar.

Für die unkomplizierte und kompetente Begleitung danke ich Frau Schlomski und Geetha Muthuraman vom Springer Verlag herzlich. Für die Inspiration zu diesem Buch sei Sergio F. González Ortiz herzlich gedankt. Für den Blick von außen und sein umfassendes Feedback danke ich Dr. Michel Herzig und Skrollan Kleist für ihr Korrekturlesen. Und ich danke meinen Studierenden für oft unbewusste Inspirationen zu den Inhalten und dem Aufbau dieses Buchs, auf die ich in den Lehrveranstaltungen bei der Strukturierung des behandelten Stoffs gestoßen bin.

Prof. Dr. Matthias Fischer

Inhaltsverzeichnis

1 Einleitung 1

2 Eine klitzekleine Geschichte der Nachhaltigkeit 3
  2.1 Der Begriff und die wesentlichen Stationen der nachhaltigen
     Entwicklung 3
  2.2 Nachhaltigkeitskonzepte 6

3 Gründe für die Beschäftigung mit Nachhaltigkeitsmanagement
  und Spezifika des Handelns im Gesundheitswesen 9

4 Nachhaltigkeitsmanagement, CSR und ESG 11
  4.1 Zum Verständnis der Begriffe 11
  4.2 Grundlegende strategische Ansätze 16
  4.3 Die Wichtigkeit der Stakeholder-Einbindung 18

5 Zielkonflikte und Anforderungen an unternehmerisches
  Nachhaltigkeitsmanagement 21

6 Von der Nachhaltigkeitsstrategie zu konkreten Instrumenten 25
  6.1 Langfristige Planung und/oder kurzfristige Anpassung?
     Planungsschule und Inkrementalismus 25
  6.2 Konzeption und Bestandteile einer Nachhaltigkeitsstrategie 27
  6.3 Hilfestellungen für das konkrete Management 31

7 Der Nachhaltigkeitsbericht 35
  7.1 (Inter-)Nationale Hilfestellungen bei der Berichterstattung 35
  7.2 Gestiegene Anforderungen durch Regulierung 39

8 Ausblick 43

Was Sie aus diesem *essential* mitnehmen können 45

Literatur 47

Einleitung

1

Dieses Essential bietet Ihnen eine grundsätzliche Einführung in das Themenfeld des Nachhaltigkeitsmanagements im Gesundheitswesen. Management in einem *funktionalen* Verständnis ist immer verbunden mit der zielgerichteten Steuerung von Unternehmen (vgl. Steinmann und Schreyögg 2013, S. 7) oder, allgemeiner gesprochen und im Folgenden so fortgeführt, von Organisationen. Demnach kann man Nachhaltigkeitsmanagement zunächst einmal als die zielgerichtete Steuerung von Organisationen auf dem Weg hin zu einer nachhaltigen Entwicklung verstehen. Daneben ist jedoch auch die *institutionelle* Interpretation von Nachhaltigkeitsmanagement als die Einheit in der Organisation, in der das Management hin zur nachhaltigen Entwicklung organisatorisch verortet ist, möglich (vgl. Schaltegger 2013, S. 2384).

Das Thema Nachhaltigkeit hat in den letzten Jahren zunehmend an Prominenz auch im Gesundheitswesen gewonnen. Davon zeugen unter anderem jüngst veröffentlichte Publikationen zur Nachhaltigkeit oder sogar spezifisch zum Nachhaltigkeitsmanagement im Gesundheitswesen (vgl. Graalmann et al. 2022 bzw. Horneber et al. 2023), aber auch die Zunahme von Fachkonferenzen und Medienbeiträgen zum Thema, die Sie im Rahmen einer Online-Suche schnell ausfindig machen können. Zudem stellt sich für viele unternehmerisch im Gesundheitswesen tätige Organisationen aufgrund der neuen Anforderungen zur Nachhaltigkeitsberichterstattung, die durch die Regulierungen der Europäischen Union und die Bundespolitik statuiert werden, auch die ganz handfeste Frage, wie sie es selbst mit dem Nachhaltigkeitsmanagement halten.

Da wissenschaftliche Fachbücher bisweilen ein umfassendes Vorwissen bei Lesenden voraussetzen, möchte ich Ihnen mit diesem Essential ein Büchlein anbieten, das Sie als im besten Sinne populärwissenschaftliches Werk innerhalb

M. Fischer, *Nachhaltigkeitsmanagement im Gesundheitswesen*, essentials, https://doi.org/10.1007/978-3-658-44394-8_1

einer Zugfahrt ohne großes Vorwissen durchgehen und auf dessen Basis Sie vielleicht konkreter über die Einführung von Nachhaltigkeitsmanagement in Ihrer
Organisation des Gesundheitswesens nachdenken können. Sowohl in Bezug auf
die Sprache, die statt wissenschaftlicher Tiefe vielmehr die leichte Verdaulich-
keit anstrebt, damit Sie Inhalte nach Bedarf durch das genauere Studium der
Literaturangaben vertiefen können, als auch in Bezug auf die Menge der behandelten Inhalte hoffe ich, diese Ziele zu erreichen. Natürlich freue ich mich auf Ihr
Feedback, ob mir dies gelungen ist oder an welchen Stellen und wie ich gegebenenfalls sogar noch für eine größere Leser*innenfreundlichkeit sorgen kann – um
dies bei etwaigen Neuauflagen zu berücksichtigen.

Nun wünsche ich Ihnen jedoch erstmal viel Spaß bei der Lektüre, die ich für
Sie folgendermaßen strukturiert habe: Zunächst möchte ich Ihnen in Kap. 2 ein
bisschen mehr über den Nachhaltigkeitsbegriff und die wesentlichen Konzepte
der nachhaltigen Entwicklung erzählen. In Kap. 3 folgt ein kurzer Überblick
mit Gründen, die es lohnenswert machen, sich mit Nachhaltigkeitsmanagement
zu befassen, aber auch die Darstellung von Spezifika des Gesundheitswesens,
die dabei zu berücksichtigen sind. Kap. 4 geht dann ausführlicher auf die
begrifflichen Grundlagen des Nachhaltigkeitsmanagements ein und macht Sie
zudem vertraut mit wichtigen inhaltlichen Konzepten. In Kap. 5 möchte ich
auf Zielkonflikte hinweisen, die durch die Betrachtung des sogenannten Nach-
haltigkeitsmanagementdreiecks exemplifiziert werden können und durch dieses
zugleich Anforderungen an Nachhaltigkeitsmanagement postulieren. Kap. 6 führt
Sie dann schrittweise zur Erstellung einer Nachhaltigkeitsstrategie, während sich
Kap. 7 auf Hilfestellungen zur Erstellung eines Nachhaltigkeitsberichts bezieht.
In diesem Kapitel gehe ich auch auf die jüngsten Entwicklungen in Bezug auf
die gesetzliche Regulierung ein. Das Essential schließt mit einem kurzen Ausblick
und einer stichpunktartigen Zusammenfassung.

Eine klitzekleine Geschichte der Nachhaltigkeit

2

Damit Sie sich im Themenfeld Nachhaltigkeitsmanagement sicher bewegen können, ist es sinnvoll, zunächst einen kurzen Blick auf die historischen Grundlagen des allgemeinen Nachhaltigkeitsdiskurses zu werfen. Für eine umfassendere Orientierung bestehen alternative Überblicksarbeiten, beispielsweise von Hauff (2013) oder Pufé (2017, vgl. S. 58 ff.), die sogar eine ausführliche tabellarische Übersicht der wichtigsten Stationen präsentiert. Neben den folgenden Ausführungen zu den Ereignissen in meinen Worten, die zur heutigen umfassenden Ausdifferenzierung des Konzepts „nachhaltige Entwicklung" (das Begriffspaar wird in diesem Werk synonym zum Begriff „Nachhaltigkeit" verwendet) beigetragen haben, möchte ich für die eingehendere Befassung explizit auf diese Werke verweisen.

2.1 Der Begriff und die wesentlichen Stationen der nachhaltigen Entwicklung

Bei der historischen Betrachtung des Nachhaltigkeitsdiskurses ist üblicherweise zu beginnen mit Johann „Hannß" Carl von Carlowitz, dem das Verdienst zugeschrieben wird, den Begriff „nachhaltig" linguistisch in den deutschen Wortschatz eingeführt zu haben. In seinem Werk „Sylvicultura oeconomica" setzte sich der Oberberghauptmann aus dem Erzgebirge 1713 unter den Zeichen der aufkommenden Industrialisierung mit der damit einhergehenden Abholzung von Wäldern auseinander. Das Ziel: Wege zu einem Gleichgewicht zwischen der Abholzung und der Wiederaufforstung der Wälder und auf diese Weise die Vermeidung von höheren Preisen, von denen er durch erweiterte Transportwege des Holzes

M. Fischer, *Nachhaltigkeitsmanagement im Gesundheitswesen*, essentials, https://doi.org/10.1007/978-3-658-44394-8_2

ausging. Neben dieser eher ökonomischen Perspektive weist von Hauff (2023, S. 2) darauf hin, dass von Carlowitz zugleich eine Zusammenführung des wirtschaftlichen Handelns mit den Erfordernissen der Natur anstrebte. Von Carlowitz' wegweisendes Zitat im Original: „Wird derhalben die gröste Kunst/Wissenschaft/ Fleiß/und Einrichtung hiesiger Lande darinnen beruhen/wie eine sothane *Conservation* und Anbau des Holtzes anzustellen/daß es eine *continuirliche* beständige und nachhaltende Nutzung gebe/weiln es eine unentberliche Sache ist/ohne welche das Land in seinem Esse nicht bleiben mag" (von Carlowitz 1713/2013, S. 216). Natürlich ist mit dem einen Wort „nachhaltend" nicht die gesamte Ideengeschichte der nachhaltigen Entwicklung verbunden. Vielmehr gab es seinerzeit bereits weitere philosophische Ansätze, die sich mit den begrenzten Ressourcen des Planeten und deren unbegrenzter Nutzung durch den Menschen befassten (vgl. von Hauff 2023, S. 2). Dennoch trägt Sprache zur Gestaltung der Wirklichkeit bei und das dahinterliegende Prinzip, eben nicht mehr Wald abzuholzen als nachwachsen kann, war auf diese Weise mit einem prägnanten Begriff verknüpft.

Es folgt ein großer Sprung in die 1970er Jahre. Im Zuge von Wirtschaftskrisen rund um den Ölpreisschock und die in dieser Zeit gehäuft auftretenden internationalen wirtschaftlichen Verwerfungen wurde die Idee der „Grenzen des Wachstums", die sich im berühmten, vom Club of Rome beauftragten gleichnamigen Bericht niederschlug (vgl. Meadows et al. 1972), erneut an prominenter Stelle aufgegriffen und seitdem vermehrt diskutiert. Auch als Folge dieser konzeptionellen Vorarbeiten kam in den 1980er Jahren die Idee auf, sich auch auf Ebene der Staatengemeinschaft tiefere Gedanken darüber zu machen, wie die globale Wirtschaft sich wirklich in einem nachhaltigen Sinne und im Einklang mit den verfügbaren Ressourcen entwickeln könnte. Auf Ebene der Vereinten Nationen wurde hierzu die Weltkommission für Umwelt und Entwicklung (World Commission on Environment and Development, WCED) ins Leben gerufen, die nach ihrer Vorsitzenden, der ehemaligen norwegischen Ministerpräsidentin Gro Harlem Brundtland als „Brundtland-Kommission" in die Geschichte eingehen sollte. Die Kommission stellte 1987 ihren Abschlussbericht „Our common future" vor. Besonders aufgrund seiner prägnanten Definition von nachhaltiger Entwicklung als *„development that meets the needs of the present without compromising the ability of future generations to meet their own needs"* (Brundtland Report 1987, S. 41) gilt der Bericht als wegweisender Meilenstein in der Geschichte des Nachhaltigkeitskonzepts.

Auf Basis des Brundtland-Reports wurde mit der Konferenz der Vereinten Nationen für Umwelt und Entwicklung, nach ihrem Austragungsort auch Rio-Konferenz genannt, 1992 ein weltweit beachteter Höhepunkt erreicht. Unter

Einbezug zahlreicher zivilgesellschaftlicher Akteure diskutierte die Staatengemeinschaft über Fragen des Einklangs zwischen wirtschaftlicher Entwicklung, sozialem Ausgleich und dem Schutz der natürlichen Lebensgrundlagen. Zahlreiche Dokumente wurden verabschiedet, unter anderem mit der Agenda 21 ein Aktionsprogramm zur nachhaltigen Entwicklung, mit dem auf globaler, aber explizit auch auf lokaler Ebene in 40 Kapiteln Maßnahmen zur ökologischen, sozialen und wirtschaftlichen Entwicklung des Planeten formuliert wurden. Als Folge der Euphorie rund um die Rio-Konferenz bildeten sich auch in Deutschland zahlreiche Lokale-Agenda-21-Initiativen.

Während das Engagement dieser Initiativen im Verlauf der Jahrzehnte ein Stück weit aus der medialen Wahrnehmung verschwand, hat sich innerhalb des Nachhaltigkeitsdiskurses insbesondere die Klimabewegung einen herausragenden Stellenwert erarbeitet. Nach regelmäßigen Konferenzen im Anschluss an die Rio-Konferenz stellte hier die Konferenz von Paris 2015 ein wichtiges Ereignis dar, in dessen Rahmen globale Ziele, wie die Begrenzung der Erderwärmung auf deutlich unter 2 Grad Celsius (möglichst gar auf 1,5 Grad Celsius) sowie eine treibhausgasneutrale Art des Wirtschaftens, definiert wurden und auch Finanzmittel mit diesen Zielen in Einklang gebracht werden sollten (vgl. Endres 2016, S. 208). Angesichts des nachvollziehbaren Arguments, dass mit den unkontrollierbaren Folgen der Klimakrise auch alle anderen Aspekte einer nachhaltigen Entwicklung in Gefahr sind, wurden und werden hier auch durch stark rezipierte Bewegungen wie „Fridays for Future" vermehrte Anstrengungen durch Regierungs- und Wirtschaftsakteure zur Minderung der globalen Treibhausgasemissionen gefordert. Der Klimadiskurs zeichnet sich nicht erst seitdem durch ein Wechselspiel aus internationalen Konferenzen, politischen Maßnahmen zur Emissionsbegrenzung und die Diskussion darüber aus, ob diese Maßnahmen ausreichend für die Zielerreichung sind. Und auch wirtschaftlichen Akteuren wird seitdem eine vermehrte Verantwortung zur Reduktion ihrer Treibhausgasemissionen zugeschrieben.

Zuletzt sei noch auf die Sustainable Development Goals (SDG) verwiesen, welche die Vereinten Nationen 2015 als Nachfolger der Millennium Development Goals beschlossen und die es anhand von 17 Zielen möglich machen, den eigenen Beitrag zur nachhaltigen Entwicklung abzuschätzen (vgl. von Hauff 2023, S. 6 f.). Im Rahmen der SDG und der sogenannten Agenda 2030 verpflichteten sich die UN-Mitgliedsländer zur Entwicklung von nationalen Nachhaltigkeitsstrategien. Besondere Relevanz für den Gesundheitsbereich hat SDG 3 „Gesundheit und Wohlergehen", aber auch andere Ziele (z. B. SDG 10 „Weniger Ungleichheiten" oder SDG 13 „Maßnahmen zum Klimaschutz") können für Organisationen aus dem Gesundheitswesen je nach Kontext relevant sein.

2.2   Nachhaltigkeitskonzepte

Bevor ich in spezifischer Weise auf das Nachhaltigkeitsmanagement eingehe, möchte ich in diesem Unterkapitel einen Überblick über grundlegende Nachhaltigkeitskonzepte liefern, die beim Verständnis der später einzuführenden Managementkonzepte helfen werden.

Neben der oben genannten Brundtland-Definition der nachhaltigen Entwicklung hat sich als sicher populärstes Konzept der Nachhaltigkeit das sogenannte Drei-Säulen-Modell oder Triple-Bottom-Line-Modell etabliert (vgl. Michelsen und Adomßent 2014, S. 28 f.). Das Konzept nimmt an, dass sich die Bedürfnisbefriedigung heutiger und zukünftiger Generationen am besten durch die gleichrangige Adressierung der ökonomischen, der sozialen und der ökologischen Säule realisieren lässt. Für jede der drei Säulen können spezifische Kriterien angeführt werden, durch die die Erfolgsmessung auf dem Weg hin zu einer nachhaltigen Entwicklung ermöglicht wird. Teils wurde versucht, das Modell noch durch eine vierte Säule zu ergänzen, etwa eine politische Säule im globalen Süden oder eine kulturelle Säule rund um Vielfalt, internationalen Austausch, ethische Erwägungen oder Bildung für nachhaltige Entwicklung (BNE); international hat sich jedoch eindeutig das Drei-Säulen-Modell als gängigstes Konzept etabliert (vgl. Michelsen und Adomßent 2014, S. 30 f.).

Allerdings zog es auch Kritik auf sich: Einerseits wurde angeführt, dass die Gleichrangigkeit der Säulen schon deshalb nicht gegeben sein könne, da diese im Einzelfall stets zu Schwierigkeiten, zwischen den Säulen zu priorisieren, und schlimmstenfalls gar zu einer Substituierung zwischen diesen führen könne (vgl. Kopfmüller 2011, S. 7). Und tatsächlich wird im Nachhaltigkeitsdiskurs ausgehend von der Frage, ob eine Substituierbarkeit zwischen den Säulen möglich ist, zwischen Modellen von „schwacher Nachhaltigkeit" (vereinfacht gesagt: Defizite in einer Säule können durch Anstrengungen in anderen Säulen aufgewogen, Säulen also substituiert werden) und von „starker Nachhaltigkeit" (vereinfacht: da die ökologische Basis als Grundlage allen Lebens eine besondere Wichtigkeit aufweist, ist die ökologische Säule stets vorrangig zu betrachten) unterschieden (vgl. Döring und Ott 2001, S. 321).

Andererseits wurde die Unterscheidung zwischen drei Säulen auch deshalb kritisiert, da dies Wechselwirkungen, die in Bezug auf viele Nachhaltigkeitsaspekte zu beachten sind, nicht die entsprechende Wichtigkeit zukommen lasse. So lässt sich beispielsweise der bei Nachhaltigkeit angestrebte Wert „Generationengerechtigkeit", eben nicht nur durch die Adressierung der sozialen Säule erreichen, sondern umfasst auch wirtschaftliche Anstrengungen und das Hinterlassen einer guten ökologischen Grundlage für die kommenden Generationen.

Dementsprechend wurde mit dem integrativen Nachhaltigkeitskonzept eine Alternative eingeführt (für die detaillierte Argumentation und das Konzept vgl. Kopfmüller 2007). Das Konzept geht von einem Gerechtigkeitspostulat aus, das zwei Aspekte verknüpft: Gerechtigkeit kann sowohl innerhalb von Generationen (intragenerationell), also als eine Form der Gleichbehandlung aller Personen einer Gesellschaft, verstanden werden, als auch zwischen Generationen (intergenerationell), also zwischen älteren und jüngeren Personen einer Gesellschaft. Basierend auf diesem Gerechtigkeitsverständnis werden drei säulenübergreifende Nachhaltigkeitsziele definiert: Die Sicherung der menschlichen Existenz, die Erhaltung des gesellschaftlichen Produktivpotenzials und die Bewahrung der Entwicklungs- und Handlungsmöglichkeiten der Gesellschaft, die nachfolgend durch konkrete Regeln ausdifferenziert und geprüft werden können (vgl. Kopfmüller 2007, S. 17). Auf diese Weise wird eine ganzheitliche, eben nicht mehr auf drei einzelne Säulen begrenzte Betrachtungsweise, ebenso angestrebt wie eine Kombination der kurzfristigen mit den langfristigen Erfordernissen. Falls Sie das integrative Nachhaltigkeitsverständnis als Grundlage für Ihre Organisation hernehmen, könnten Sie sich entweder die drei übergreifenden Nachhaltigkeitsziele von Kopfmüller (2007) zur Grundlage nehmen oder sich selbst Gedanken über Ziele machen, die in Ihrem Bereich als säulenübergreifende Querschnittsziele dienen könnten.

Auch für die nachhaltige Entwicklung im Gesundheitswesen gab es ähnliche Ansätze: So wurden Faktoren definiert, die – quasi in Entsprechung des integrativen Nachhaltigkeitsverständnisses – als maßgeblich für ein nachhaltiges Gesundheitssystem gesehen wurden, z. B. ein strategisch-langfristiger Ansatz und Innovativität, Qualitätsorientierung, Prävention und Gesundheitsförderung, die Integration von sozialen und ökologischen Umweltaspekten sowie Rechenschaftspflicht und Eigenverantwortung (vgl. Fischer 2015, S. 307). Nachhaltigkeit im Gesundheitssystem wurde aber auch durch die Adressierung der ökonomischen, ökologischen und sozialen „Bedürfnisse" des Systems und damit im Lichte des Drei-Säulen-Modells diskutiert (vgl. Graalmann et al. 2022, S. 3 f.). Für Sie hat dies den Vorteil, dass gewisse Freiheitsgrade im Hinblick auf das präferierte Nachhaltigkeitsverständnis bestehen.

Reflexion zum Kapitelende

Folgende Fragen können Sie sich zum Nachhaltigkeitsverständnis Ihrer Organisation stellen:

- Was verstehen Sie unter Nachhaltigkeit oder nachhaltiger Entwicklung und was bedeuten diese Begriffe für Ihre Organisation?
- Welches Nachhaltigkeitsverständnis legen Sie an: Gehen Sie tendenziell eher von einem Drei-Säulen-Modell oder von einem integrativen Verständnis, vor allem durch die Definition säulenübergreifender Ziele, aus?

- Welchen Beitrag zur Nachhaltigkeit leistet Ihre Organisation?

Gründe für die Beschäftigung mit Nachhaltigkeitsmanagement und Spezifika des Handelns im Gesundheitswesen

3

Warum sollte man sich mit Nachhaltigkeitsmanagement befassen? Nun, zunächst einmal gilt für Organisationen im Gesundheitswesen ebenso wie für Unternehmen im Allgemeinen die These, dass es nicht möglich ist, *nicht* Einfluss auf die wirtschaftliche und gesellschaftliche Entwicklung auszuüben (vgl. Schaltegger 2015, S. 199 f.). Anders gesagt: Wenn Sie sich dafür entscheiden, keinen Beitrag zur nachhaltigen Entwicklung zu leisten, entscheiden Sie sich damit zugleich, einen Beitrag zu einer unnachhaltigen Entwicklung zu leisten (vgl. ebenda).

In einer Studie wurden Unternehmen aus verschiedenen Ländern und Branchen unter anderem zu ihren konkreten Motiven befragt, warum sie sich mit (ökologischer) Nachhaltigkeit befassen (vgl. Horváth Studie 2023, S. 20). Die vier häufigsten Antworten bezogen sich auf das Ziel einer verbesserten Energieeffizienz, die Erwartung neuer Impulse für Innovationen und Zukunftstechnologien, die Erhaltung der Lebensräume und das Entgegentreten dem Klimawandel gegenüber sowie die Erwartung positiver Effekte auf die Wertschöpfung. Aus diesen Ergebnissen könnte man ableiten, dass es bei Nachhaltigkeit nicht mehr nur um den naturökologischen Anspruch geht. Mittlerweile kann die Integration von Nachhaltigkeit in unternehmerisches Handeln auch handfeste finanzielle und unternehmerische Gründe haben. Damit geht eine gesteigerte Bedeutung des Nachhaltigkeitsmanagements insgesamt einher.

Auch unabhängig von den Ergebnissen dieser Umfrage jedoch gilt für Organisationen speziell aus dem Gesundheitswesen: Dass sich aufgrund der vielfältigen sozialen (z. B. gleicher Zugang zu qualitativ hochwertigen Gesundheitsleistungen, flächendeckend gut ausgebildetes personelles Angebot in allen medizinischen und Gesundheitsfachberufen), ökonomischen (z. B. Sicherstellung der Finanzierbarkeit von medizinischen Leistungen und Heil- und Hilfsmitteln, Stabilität

M. Fischer, *Nachhaltigkeitsmanagement im Gesundheitswesen*, essentials, https://doi.org/10.1007/978-3-658-44394-8_3

im Hinblick auf Beiträge) und auch ökologischen Herausforderungen (z. B. Reduktion des hohen Ressourcen, Material- und Energieverbrauchs und des Abfallaufkommens, Maßnahmen gegen den und Anpassungen angesichts des Klimawandel/s) etwas tun muss, steht nicht mehr ernsthaft infrage. Und wie diese Entwicklung gesteuert werden kann, darüber bietet Ihnen dieses Essential hoffentlich zumindest einen guten Einstieg.

Wenn Sie sich mit Nachhaltigkeitsmanagement *im Gesundheitswesen* beschäftigen, sind in der Regel jedoch auch bestimmte Spezifika zu beachten. So gilt das Gesundheitssystem im Hinblick auf die verschiedenen Konstellationen aus Bundes-, Landesakteuren und Akteuren der Gemeinsamen Selbstverwaltung, das Neben- und Miteinander der ambulanten und der stationären Versorgung nicht umsonst als eines der kompliziertesten gesellschaftlichen Sub-Systeme (vgl. Hornung und Bandelow 2020). Da es zudem, überspitzt formuliert, bei vielen Fragen des Gesundheitssystems buchstäblich „um Leben und Tod" geht (Bandelow et al. 2012, S. 38 f.), sind beispielsweise Diskussionen rund um Patientensicherheit, Hygiene- und Qualitätsanforderungen nicht nur von einer rein sachlichen Ebene geprägt, sondern weisen oft auch eine stark emotionale Komponente auf. Nicht nur, aber auch hierdurch können sich Zielkonflikte ergeben, mit denen Sie sich im Nachhaltigkeitsmanagement des Öfteren zu befassen haben.

Und nicht zuletzt ist das von Graalmann et al. (2022, S. 6 f.) sehr eingängig als „Nachhaltigkeitsdilemma" bezeichnete Phänomen zu beachten: Die für Nachhaltigkeitsfragen angestrebte strategisch-langfristige Herangehensweise wird durch die im Gesundheitswesen vorherrschenden kurzfristigen Anreizstrukturen erschwert. Hierdurch werden Fragen des Nachhaltigkeitsmanagements, sofern sie nicht durch gesetzliche Anforderungen forciert werden, in der Realität oft auch eine Re-Priorisierung nach hinten erfahren. Umso mehr kommt es darauf an, dass Sie gute Argumente anbringen können, warum es sich lohnt, dennoch in nachhaltigere Produkte, Strukturen und Prozesse zu investieren.

Reflexion zum Kapitelende
Folgende Fragen können Sie sich zum Nachhaltigkeitsverständnis Ihrer Organisation stellen:

- Welche Gründe für den Aufbau eines effektiven Nachhaltigkeitsmanagements können Sie vorbringen? Warum lohnt es sich für Ihre Organisation, sich mit Nachhaltigkeit zu befassen?
- Mit welchen Besonderheiten des Gesundheitssystems müssen wir uns beschäftigen, wenn wir an mehr Nachhaltigkeit in unserer Organisation denken?

Nachhaltigkeitsmanagement, CSR und ESG

Wie so oft gilt es, die für den spezifischen Kontext beste Lösung zu finden, um Nachhaltigkeitsmanagement in der eigenen Organisation wirksam zu implementieren. Höchste Zeit also, konkreter auf die Bedeutung von Nachhaltigkeitsmanagement einzugehen und dabei auch verwandte Begriffe und Konzepte zu durchleuchten.

4.1 Zum Verständnis der Begriffe

Vielleicht haben Sie die Begriffe Nachhaltigkeitsmanagement, Corporate Social Responsibility (CSR) und Environmental Social Governance (ESG) bereits mehrfach genutzt. Und dabei oft auch dasselbe ausdrücken wollen. In der Tat stellt sich die Frage, was sich genau hinter den einzelnen Begriffen verbirgt und wie sie historisch entstanden sind. Erneut gilt: Ich möchte Sie nicht in die Untiefen historischer Diskussionen hineinziehen, sondern Ihnen eine kurze Orientierung bieten. Dabei möchte ich mit Corporate Social Responsibility beginnen.

Die EU-Kommission hat in einem wegweisenden Grünbuch von 2001 die soziale und gesellschaftliche Verantwortung von Unternehmen, in Englisch Corporate Social Responsibility oder eben kurz CSR, zusammengefasst *„(...) als ein Konzept, das den Unternehmen als Grundlage dient, auf freiwilliger Basis soziale Belange und Umweltbelange in ihre Unternehmenstätigkeit und in die Wechselbeziehungen mit den Stakeholdern zu integrieren."* (EU-Kommission 2001, S. 7). In einer Weiterentwicklung des Konzepts erfolgte 2011 eine kürzere Neudefinition, wonach CSR *„die Verantwortung von Unternehmen für ihre Auswirkungen*

M. Fischer, *Nachhaltigkeitsmanagement im Gesundheitswesen*, essentials, https://doi.org/10.1007/978-3-658-44394-8_4

auf die Gesellschaft" ist, auch hier erfolgte die Betonung der Wichtigkeit, die sogenannten Stakeholder des Unternehmens einzubinden (EU-Kommission 2011, S. 7).

Das wohl bekannteste Modell zur Ausdifferenzierung von CSR stammt von Carroll (1979). Er führte eine Pyramide von vier Ebenen der gesellschaftlichen Verantwortung ein. Die erste Ebene stellt demnach die ökonomische Verantwortung des Unternehmens dar. Vereinfacht gesagt: Zunächst einmal entspricht es dem Grundzweck eines Unternehmens, die gesellschaftlich gewünschten Güter und Dienstleistungen herzustellen und durch deren Verkauf Geld zu verdienen (englische Entsprechung: „make profit"). Die zweite Ebene, die ebenso wie die erste Ebene als gesellschaftlich verpflichtend („required") angesehen werden kann, ist die legale Verantwortung, also die Befolgung von Recht und Gesetz (Entsprechung: „obey the law"). Zwar nicht gesellschaftlich verpflichtend, aber dennoch erwartet („expected") spiegelt die dritte Ebene die ethische Verantwortung eines Unternehmens wider, also ein ethisch verantwortungsvolles Handeln („be ethical"). Die von der Gesellschaft erwünschte („desired") vierte und höchste Ebene stellt dann die philanthropische Verantwortung („discretionary") dar, für die gesellschaftlich keine eindeutigen Vorgaben bestehen, die sich aber durch gute Taten für die Gesellschaft (englische Entsprechung: „be a good citizen") umschreiben lässt.

Über die Sinnhaftigkeit von pyramidenähnlichen Anordnungen lässt sich natürlich wie so oft trefflich streiten. So könnte die in der Pyramide niedrigere und damit grundlegendere Einstufung der ökonomischen Verantwortung unter die Befolgung der Gesetze den Irrglauben erzeugen, dass somit auch eine profitabel wirtschaftende kriminelle Organisation ihrer sozialen Verantwortung gerecht würde – ein nachvollziehbarerweise absurder Gedanke. Dennoch bietet das Modell zumindest eine gute und intuitive Orientierung. Zudem kann aus der philanthropischen Verantwortung, die den Anspruch an Unternehmen formuliert, sich wie ein „good citizen" zu verhalten, eine weitere begriffliche Differenzierung in folgende CSR-Aktivitäten abgeleitet werden (vgl. Schaltegger und Müller 2007, S. 18):

- *Corporate Giving,* worunter Sponsoring-Tätigkeiten ebenso gefasst werden können wie Hilfestellungen im Notfall und bei Katastrophen
- *Corporate Volunteering,* also die Unterstützung von Mitarbeitenden dabei, sich ehrenamtlich zu engagieren
- *Kaufmännische Betreuung von Non-Profit-Organisationen* und *Corporate Community Investment,* also Investitionen finanzieller oder ideeller Art, in der

Region, in der die Organisation aktiv ist, unter Nutzung der eigenen Ressourcen

Werfen wir nun einen Blick auf das Nachhaltigkeitsmanagement: Schaltegger und Müller (2007, S. 18) definierten dieses als „alle systematischen, koordinierten und zielorientierten unternehmerischen Aktivitäten, die der nachhaltigen Entwicklung einer Unternehmung dienen und eine nachhaltige Entwicklung der Wirtschaft und Gesellschaft befördern". Zum Unterschied zwischen CSR und Nachhaltigkeitsmanagement sollte man wohl besonders auf die unterschiedliche Historie der Konzepte verweisen (vgl. für einen detaillierten Überblick z. B. Loew et al. 2004 oder Schaltegger und Müller 2007, S. 19 f., aus denen die Gedanken zur hier nur angerissenen Historie dieses Absatzes zusammengetragen wurden). Die Idee einer „Corporate Social Responsibility" entstand demnach in der zweiten Hälfte des 20. Jahrhunderts zunächst in den USA, im Zuge der zunehmenden Deregulierung der Wirtschaft mittels neoliberaler Wirtschaftspolitik und des Abbaus sozialer Standards zusätzlich auch in Großbritannien (als Schlagworte dienen hier unter anderem auch die „Reaganomics" in den USA oder der „Thatcherismus" im Vereinigten Königreich). Hier spielte CSR vor allem eine Rolle als Antwort der Unternehmen auf die politischen Kürzungen im Sozialbereich und die Erwartungen von Stakeholdern aus der Zivilgesellschaft, dass Unternehmen gewissermaßen die Lücke der sozialen Verantwortung schließen sollten, die die Staaten vornehmlich im angelsächsischen Raum weit aufgerissen hatten. In Kontinentaleuropa wurden viele der Funktionen hingegen weiterhin über die Sozialstaaten abgedeckt. Erst Anfang des 21. Jahrhunderts wurde CSR auch großflächig in Europa diskutiert. Davon zeugt beispielsweise das bereits erwähnte Grünbuch (vgl. EU-Kommission 2001). Die Herkunft von Nachhaltigkeitsmanagement ist demgegenüber eher im Bereich der Umwelt- und Nachhaltigkeitsbewegung zu verorten. Als Folge der Konferenz von Rio 1992 wurde das Thema zunächst stark unter dem Gesichtspunkt von Umweltaspekten und Umweltmanagement diskutiert, ehe Ende der 1990er Jahre dann die ersten explizit als solche bezeichneten Nachhaltigkeitsberichte veröffentlicht wurden (vgl. Loew et al. 2004, S. 64).

Zusätzlich zu diesen historisch unterschiedlichen Entwicklungspfaden – hier aus dem angelsächsischen Bereich und als Reaktion auf den Abbau des Sozialstaats, dort aus der Umwelt- und Nachhaltigkeitsdebatte und mit erst spät einsetzender Verbreiterung in Richtung einer ganzheitlich verstandenen Nachhaltigkeit – wurde auch auf inhaltlicher Ebene diskutiert, welche Unterschiede zwischen CSR und Nachhaltigkeitsmanagement ausgemacht werden können.

Beispielhaft für mehrere Beiträge soll auf die hier verkürzt dargestellten Argumente aus dem Artikel von Schaltegger und Müller (2007, vgl. S. 25 ff.) von vor einigen Jahren eingegangen werden, die im Wesentlichen CSR und Nachhaltigkeitsmanagement dahingehend unterschieden,

1. ob es sich eher um freiwillige, über die bloße Regelkonformität hinausgehende Aktivitäten handelt (CSR), oder ob sämtliche Unternehmenshandlungen zwischen Freiwilligkeit und Unfreiwilligkeit Teil des Managements sind (Nachhaltigkeitsmanagement)
2. ob das Unternehmen auf gesellschaftliche Themen eher reagiert (CSR) oder proaktiv einen Beitrag zur sozioökonomischen Entwicklung leistet (Nachhaltigkeitsmanagement)
3. ob es um die Wahrnehmung der gesellschaftlichen Verantwortung (CSR) oder um die explizite und aktive Schaffung eines unternehmerischen Vorteils durch die Aktivitäten geht (Nachhaltigkeitsmanagement)
4. ob in der Praxis die gesellschaftlichen Aktivitäten eher das Geschäft ergänzen (CSR) oder ob die Weiterentwicklung des bisherigen Geschäfts durch aktive Mitgestaltung und nachhaltige Innovationen angestrebt ist (Nachhaltigkeitsmanagement).

Andere Ansätze betonten später die zwar unterschiedlichen Wurzeln, aber ähnlichen Zielrichtungen der beiden Konzepte hin zu einer nachhaltigen Zukunft des Unternehmens und seiner Stakeholder und eine zunehmende Annäherung der Konzepte (z. B. Loew und Rohde 2013, S. 11 oder Praum 2015). Unabhängig von diesen oder weiteren Argumenten: *Rein faktisch* lässt sich in den vergangenen Jahren eine Harmonisierung der Begriffe beobachten, wie auch aus Abb. 4.1 hervorgeht, die neben den großen Linien auch einen Einblick bietet in wesentliche Ereignisse sowie theoretisch-konzeptionelle Begrifflichkeiten in den Themenfelden Nachhaltigkeit und CSR. Das Ergebnis dieser Dynamik: In der Regel ist mittlerweile meist dasselbe gemeint, wenn von „Nachhaltigkeitsmanagement" und „CSR-Management" die Rede ist. In der Praxis werden sich auch zwischen CSR-Berichten und Nachhaltigkeitsberichten keine großen Unterschiede ausmachen lassen. Dies zeigt sich ganz anschaulich darin, dass die Richtlinie zur Nachhaltigkeitsberichterstattung von Unternehmen der Europäischen Union, insbesondere durch die drei ersten Buchstaben ihrer Abkürzung *CSR*D phonetisch an CSR erinnert. Die korrekte englische Entsprechung der Abkürzung lautet hingegen „Corporate Sustainability Reporting Directive" und bezieht sich damit explizit auf das Nachhaltigkeitsmanagement.

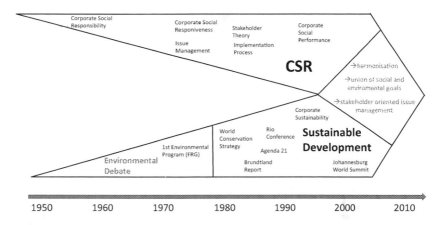

1950 1960 1970 1980 1990 2000 2010

Abb. 4.1 Historische Entwicklung der CSR- und Nachhaltigkeitsdebatte (mit Übersicht über die wesentlichen Begriffe und Entwicklungsschritte in englischer Sprache). (Quelle: eigene Grafik basierend auf der Darstellung von Loew et al. 2004, S. 12; die Nutzung erfolgt mit freundlicher Genehmigung durch die Autor*innen)

In den letzten Jahren hat auch die Abkürzung „ESG", kurz für den Dreiklang „Environmental, Social, Governance", zunehmende Prominenz erlangt, die in der Regel die (vor allem messbare) Evaluation der gesellschaftlichen Verantwortungsübernahme eines Unternehmens beschreibt (vgl. Dathe et al. 2022, S. 117). Obwohl ESG in der Praxis oft dazu hergenommen werden, um Organisationen im Hinblick auf Umwelt- oder gesellschaftliche Standards oder die Einhaltung von Rechtsnormen hin finanziell zu bewerten, ist ihre Anwendung laut EU explizit nicht nur im Investment-Kontext, sondern in weiteren Kontexten, in denen die Entwicklung einer Organisation in Richtung Nachhaltigkeit von Relevanz ist (z. B. für Zuliefererbetriebe oder Mitarbeitende), vorgesehen (vgl. EU-Kommission 2023).

Ob Sie nun in Ihrem Bereich in Nachhaltigkeits-, ein ESG- oder ein CSR-Management etablieren: Wichtig ist, sich inhaltlich damit auseinanderzusetzen, in welchen Bereichen Sie tatsächlich zu einer nachhaltigen Gestaltung der Zukunft beitragen können. Im Folgenden möchte ich Ihnen ein paar Ansatzpunkte hierfür liefern.

4.2   Grundlegende strategische Ansätze

Obwohl ich Ihnen im weiteren Verlauf noch konkrete Tipps zur Formulierung einer Nachhaltigkeitsstrategie geben werde, möchte ich Ihnen schon an dieser Stelle drei grundlegende strategische Ansätze vorstellen, auf die Sie im Themenfeld Nachhaltigkeitsmanagement immer wieder stoßen werden: Die Rede ist von „Effizienz", „Konsistenz" und „Suffizienz" (vgl. Pufé 2017, S. 123 ff., oder Baumast 2022).

- *Effizienz* beschreibt zunächst einmal ein Verhältnis zwischen Aufwand und Nutzen. In Bezug auf Nachhaltigkeitsmanagement würde man im Sinne eines effizienten Ansatzes anstreben, mit dem gleichen Input einen höheren Output oder mit weniger Input zumindest denselben Output zu erzielen. Beispielsweise könnte es einer Klinik durch Gebäudedämmung möglich sein, den Energieverbrauch zu reduzieren, ohne in Bezug auf die erzielte Wärmeleistung Abstriche zu machen. Gleiches gilt für das Beispiel einer Arztpraxis, deren Energieverbrauch durch den Einbau neuer LED-Lampen reduzieren würde, ohne an Lichtleistung einzubüßen.
- *Konsistenz* beschreibt demgegenüber den Versuch, durch eine bessere Recycling-Fähigkeit der Produkte und geschlossene Kreisläufe Abfälle und Schadstoffe gänzlich zu vermeiden oder eben vollständig zu nutzen. Das bedeutet jedoch grundsätzlich ein Neudenken der Beziehung zu Produkten und ein Verständnis von Abfällen als „Nährstoffe" zukünftiger Produkte: Damit Hersteller von medizinischen Geräten ein Interesse daran haben, kreislauffähige, langanhaltende Produkte zu designen, wird beispielsweise vorgeschlagen, das Eigentumsrecht der Produkte bei den Herstellern zu belassen und medizinische Geräte den Leistungserbringern als Dienstleistung zur Nutzung zu überlassen. Ebenso wäre es denkbar, Kunststoffprodukte aus dem CO_2 der Erdatmosphäre zu gewinnen und auf diese Weise den Schadstoff zum Nährstoff werden zu lassen (für die Beispiele vgl. Braungart 2022, S. 50 f.).
- *Suffizienz* stellt als dritter strategischer Ansatz die gesamten Konsummuster der Gesellschaft infrage. Es geht auf der einen Seite darum, beispielsweise durch die Formulierung von Obergrenzen den Material- und Produktverbrauch zu limitieren. Auf der anderen Seite wird die Frage gestellt, was wirklich für die Befriedigung des Bedarfs nötig ist und wie sich Konsumgewohnheiten gegebenenfalls auch umstellen lassen, um zu einer nachhaltigen Lebens- und Wirtschaftsweise zu kommen. Durch diese Kritik an bzw. der

Aufforderung zum Verzicht auf vermeintlich „unnötige" Produkte fordert der Suffizienz-Ansatz sicherlich das etablierte freiheitlich-marktwirtschaftliche Wirtschaftssystem am meisten heraus. Jenseits dieser ganz grundsätzlichen Infragestellung der Wirtschaftsweise kann jedoch ein suffizienter Ansatz in kleinerem Maßstab darin bestehen, wiederverwertbare OP-Masken zu nutzen oder waschbare medizinische Kittel herzunehmen, um dadurch eine verlängerte Nutzung zu ermöglichen und Abfälle zu reduzieren.

Im Hinblick auf die Priorisierung der drei Ansätze wird stufenweise empfohlen, zunächst Suffizienz anzustreben. Falls dies nicht möglich sein sollte, wird ein konsistentes und erst zuletzt ein effizientes Vorgehen vorgeschlagen (vgl. Pufé 2017, S. 124).

Eine grundlegende Frage zum Nachdenken…
Ich möchte Ihnen an dieser Stelle eine ganz grundlegende, fast schon philosophische Frage nicht ersparen: Kann ein effektives Nachhaltigkeitsmanagement, sofern dieses aus effizienteren Produkten oder individuellem Verzicht besteht, überhaupt etwas zum Positiven ändern, sofern die gesamte Stoßrichtung, in die man sich bewegt, in die falsche Richtung zeigt?

Um hier auf zwei Punkte aus dem Beitrag von Braungart (2022) zurückzugreifen: Man könnte argumentieren, dass die reine Optimierung des Bestehenden im Sinne eines Effizienz-Ansatzes bei einer insgesamt nicht nachhaltigen Wirtschaftsweise dazu führt, dass „man das Falsche perfekt und damit perfekt falsch" mache (Braungart 2022, S. 50). Ebenso kann ein oberflächlicher Suffizienz-Ansatz, also ein geringerer Konsum von Produkten, bei einer insgesamt schädlichen Art und Weise des Wirtschaftens kritisch gesehen werden. Denn auf der einen Seite würde dies das Grundproblem, dass die Produkte nicht nachhaltig sind, nicht lösen, auf der anderen Seite wäre eine Verzichtsgesellschaft zudem geradezu „unnatürlich", wenn man in Betracht zieht, dass die Natur in keinster Weise sparsam mit ihren Ressourcen umgeht, nur dass sie eben keinen Abfall produziert, sondern genutzte Ressourcen als „Nährstoffe" immer wieder in natürliche Kreisläufe zurückführt (vgl. ausführlicher Braungart 2022, S. 47 f.). Provokativ könnte man also analog zu den geflügelten Worten von Theodor Adorno fragen, ob ein richtiges Wirtschaften im falschen Wirtschaftssystem überhaupt möglich ist.

Diese radikale Infragestellung herkömmlicher Produktionsmuster stellt nach wie vor eine Herausforderung an die Annahme dar, innerhalb eines zumindest derzeit noch erheblichen Abfall produzierenden Wirtschaftssystems zu grundsätzlichen Verbesserungen kommen zu können. Provokativ und vereinfachend gesprochen: Was bringt es, dass wir uns im Gesundheitswesen Ziele für Ressourceneinsparungen setzen und ein bisschen in die Mitarbeitenden- oder Patientenzufriedenheit investieren, wenn das Gesundheitssystem als Ganzes nicht im Sinne einer nachhaltigen Zukunft wirtschaftet? Müssten nicht sämtliche Produkte, die im Gesundheitssystem angewandt werden, erst kreislauffähig gemacht werden, um von einem nachhaltigen System zu sprechen? Und ist dies, gerade bei Produkten, die letztlich infektiöse Abfälle produzieren, überhaupt möglich? Müssen wir uns vom Gedanken an vollständige Nachhaltigkeit verabschieden?

Interessanterweise entsteht nun auf politischer Ebene Bewegung: So scheinen sich die Planungen zur Zukunft des Wirtschaftens im europäischen Raum derzeit eher in Richtung eines konsistenten Ansatzes auszurichten: Die mittelfristigen Strategien der Europäischen Union sehen vor, bis 2050 eine komplett kreislauffähige, schad- und giftstofffreie Wirtschaft zu schaffen (vgl. EU-Parlament 2023). Es wird spannend sein, wie sich dieser ambitionierte Vorsatz in einzelnen Wirtschaftsbereichen, z. B. eben im Gesundheitswesen, konkret ausdrücken wird.

4.3 Die Wichtigkeit der Stakeholder-Einbindung

Zuletzt möchte ich Ihnen noch einen weiteren Ansatz präsentieren, der im Hinblick auf das Verständnis von Nachhaltigkeitsmanagement grundlegende Bedeutung hat: Dieser betrifft die bereits angedeutete Wichtigkeit der Adressierung von Stakeholdern (vgl. Beckmann und Schaltegger 2014, S. 334 ff.). Stakeholder haben ein Interesse oder einen Anspruch an eine Organisation und können auf diese einwirken, werden jedoch auch von dieser beeinflusst. Gerade da man bei der Beschäftigung mit Nachhaltigkeit von einem komplexen und systemischen Umfeld ausgeht, innerhalb dessen sich Organisationen bewegen, ist es wichtig, das eigene Stakeholder-Netzwerk zu kennen und Strategien zu entwickeln, wie die Organisation sich in der Beziehung zu ihren Stakeholdern in Richtung einer nachhaltigen Entwicklung bewegen will.

Die Stakeholder einer Organisation können sich je nach Kontext stark unterscheiden. Ganz grundsätzlich können Sie Ihre Stakeholder nach internen und externen Stakeholdern gruppieren. Im Falle einer Klinik kämen das medizinische und Verwaltungspersonal, die Geschäftsführung sowie die Kontrollorgane wie der Aufsichts- und Personalrat oder die Gleichstellungskommission als Beispiele für interne Stakeholder in Betracht. Der Kreis der externen Stakeholder könnte durch Patient*innen, Krankenkassen, durch die Kommune, in der das Krankenhaus seinen Sitz hat, durch Zulieferbetriebe oder lokale Behörden exemplifiziert werden.

Da das Netz der Stakeholder je nach Interpretation aus sehr vielen Akteuren bestehen kann, ist noch die Unterscheidung zwischen direkten und indirekten Stakeholdern möglich. Direkte Stakeholder sind Akteure, die „(…) über *vertragliche Marktbeziehungen oder andere direkte Austauschformen (wie einem Informationsaustausch)* direkt am unternehmerischen Wertschöpfungsprozess beteiligt sind (…)", indirekte Stakeholder verfügen zwar nicht über derartige Beziehungen, können aber dennoch vom Handeln der Organisation betroffen sein oder dieses beeinflussen (beides aus: Beckmann und Schaltegger 2014, S. 334 f.).

Um die Stakeholder Ihrer Organisation zu ermitteln und ihren Einfluss bzw. ihre Relevanz auf das Organisationshandeln abzuschätzen, bestehen zahllose Hilfestellungen (vgl. z. B. BMI 2023 und die dort genannten Literaturverweise). In stark vereinfachter Form könnten Sie damit beginnen, die direkten und indirekten Stakeholder Ihrer Organisation zunächst auf Haftnotizen unterschiedlicher Farben zu brainstormen und in eine Matrix einzuordnen, deren Achsen den (eher hohen oder eher geringen) Einfluss auf Ihre Organisation (z. B. auf der X-Achse) und das (eher große oder eher kleine) Interesse an Ihrer Organisation (Y-Achse) darstellen. Diese Darstellung können Sie anschließend in vier Felder aufteilen und sich aus jeder der vier Konstellationen (hoher Einfluss, aber geringes Interesse; hoher Einfluss, großes Interesse; geringer Einfluss, aber großes Interesse; geringer Einfluss, kleines Interesse) Ihre Strategien für den Umgang mit den entsprechenden Stakeholdern überlegen.

Reflexion zum Kapitelende
Die in diesem Kapitel abstrakt dargestellten Definitionen und Konzepte gilt es natürlich in einem Folgeschritt auf den spezifischen Kontext Ihrer Organisation im Gesundheitswesen hin anzuwenden. Folgende Fragen können Sie sich dabei grundsätzlich für Ihre Organisation stellen:

- Wissen alle Mitarbeitenden unserer Organisation um die Bedeutung, den Stellenwert und die organisationale Verortung des Nachhaltigkeitsmanagements? Wie können wir gegebenenfalls das Wissen vermitteln oder steigern?

- Welcher strategische Ansatz könnte sich in welchen Bereichen unserer täglichen Arbeit anbieten, um uns in Richtung Nachhaltigkeit zu entwickeln?
- Welche Stakeholder sind die für unsere Organisation wichtigsten und auf welche Weise bzw. mit welchen Strategien treten wir ihnen gegenüber?

Zielkonflikte und Anforderungen an unternehmerisches Nachhaltigkeitsmanagement

5

Nachhaltigkeitsmanagement ist ein komplexes Themenfeld. In der Regel haben Sie es mit einem Miteinander, bisweilen aber auch mit einem Spannungsfeld von ökologischen, sozialen und ökonomischen Aspekten zu tun. Hierdurch können sich gewisse Zielkonflikte ergeben, im Gesundheitswesen etwa der folgenden Art: „Lohnt" oder „rechnet" sich die Investition in umfassende Fortbildungsmaßnahmen der Mitarbeitenden? Wann ist der Punkt erreicht, an dem allzu umfassende Umweltvorgaben das Personal überlasten? Sind Maßnahmen im Sinne einer Work-Life-Balance, wie etwa die Ermöglichung von mehr Flexibilität bei Schichten und Urlaubstagen angesichts der Personalknappheit, überhaupt darstellbar? Die Liste ist sicher nicht abschließend. Und der konstruktive Umgang mit diesen Konflikten, die im Alltag sicher nicht ausbleiben werden, erscheint nur durch eine umfassende Perspektive möglich. Dies lässt sich sehr anschaulich anhand des sogenannten Nachhaltigkeitsmanagement-Dreiecks in Abb. 5.1 (vgl. für weitere, umfassendere Erläuterungen auch BMU/BDI 2002 S. 6 ff. oder auch Schaltegger et al. 2016, S. 90) aufzeigen.

Die Kernaufgabe einer jeden Organisation, die sich im marktwirtschaftlichen Umfeld befindet, ist zunächst die ökonomische Effektivität, also das Erreichen ihrer wirtschaftlichen Ziele. Selbst gemeinnützige oder Non-Profit-Organisationen haben ökonomische Ziele, und sei es nur die Sicherung eines finanziellen Grundstocks, um die personellen wie sachlichen Basisressourcen zu sichern. Allerdings haben Organisationen im Gesundheitswesen, auch das wird durch das Dreieck abgebildet, jenseits der ökonomischen Zielerreichung in der Regel auch gewisse Ambitionen; sowohl im Hinblick auf ökologische als auch auf soziale, also gesellschaftliche Ziele. Diese sollen natürlich ebenfalls erreicht werden. Angestrebt werden demnach neben der ökonomischen Effektivität auch ökologische

M. Fischer, *Nachhaltigkeitsmanagement im Gesundheitswesen*, essentials, https://doi.org/10.1007/978-3-658-44394-8_5

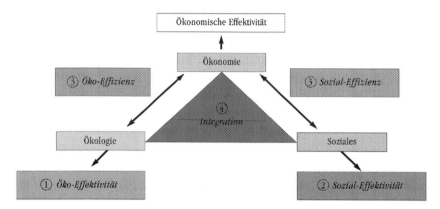

Abb. 5.1 Die vier Nachhaltigkeitsherausforderungen an Unternehmen: 1) ökologische Herausforderung, 2) soziale Herausforderung, 3) ökonomische Herausforderung, 4) Integrationsherausforderung. (Quelle: Entnommen aus BMU/BDI (2002, S. 6), mit freundlicher Genehmigung durch das Bundesministerium für Umwelt, Naturschutz, nukleare Sicherheit und Verbraucherschutz (BMUV))

und soziale Effektivität, kurz Öko- bzw. Sozial-Effektivität. Ergänzend kann die Beziehung zwischen Öko- und Sozial-Effektivität durch das Konzept der „Eco-Justice" diskutiert werden (vgl. Schaltegger 2013).

Nun sind die Öko- und die Sozial-Effektivität natürlich in Beziehung zu den ökonomischen Möglichkeiten der Organisation zu setzen. Denn neben der originären Aufgabe der medizinischen Versorgung wäre z. B. ein reiner Fokus auf Umweltmaßnahmen für ein Krankenhaus zwar womöglich ein lobenswerter Vorsatz. Innerhalb des marktwirtschaftlichen Wirtschaftssystems führte eine komplette Außerachtlassung der ökonomischen Gegebenheiten jedoch höchstwahrscheinlich zu Verlusten und im schlimmsten Fall auf Dauer in die Insolvenz. Die ökonomische Herausforderung an das Management der Öko-Effektivität ist demnach eine Maximierung des Verhältnisses der ökologischen zur ökonomischen Komponente, kurz: Die Öko-Effizienz. Analog verhält es sich in Bezug auf soziale Faktoren: Auch hier geht es darum, die Sozio-Effektivität (also dass bestimmte soziale Ziele – wie die Zufriedenheit von Mitarbeitenden oder Patient*innen – erreicht werden) im Lichte der ökonomischen Rahmenbedingungen zu einer möglichst guten „Sozial-Effizienz" zu entwickeln.

Der nun finale Denkschritt befindet sich in der Mitte der Grafik: Es geht um die Integration der beschriebenen Einzelanforderungen im Rahmen eines ganzheitlich verstandenen Nachhaltigkeitsmanagements. Einerseits soll demnach ein möglichst hoher Grad an Sozial- und Öko-Effizienz erreicht werden. Andererseits ist das Umwelt- und Sozialmanagement mit dem regulären Management zu verknüpfen, um seine volle Wirkung zu entfalten (vgl. BMU/BDI 2002, S. 10). Erst durch eine solche Integration ist es möglich, Zielkonflikte zwischen ökologischen und sozialen Herausforderungen und ökonomischen Notwendigkeiten aufzulösen. Wenn Ihnen diese Integration gelingt, haben Sie in der Regel einen sogenannten Business Case *for Sustainability* geschaffen (vgl. Schaltegger et al. 2019), indem Nachhaltigkeit und ökonomischer Erfolg weder als Gegensätze gesehen werden noch eine Form von Greenwashing durch Beibehaltung nicht-nachhaltiger Praktiken mit grünem Anstrich erfolgt – sondern indem *gerade durch nachhaltiges Handeln ökonomischer Erfolg langfristig gesichert* wird.

Reflexion zum Kapitelende
Folgende Fragen können Sie sich zum Nachhaltigkeitsverständnis Ihrer Organisation stellen:

- Welche ökonomischen Ziele müssen wir erreichen, um unseren ökologischen und sozialen Ambitionen gerecht zu werden?
- Welcher Aspekt des Nachhaltigkeitsmanagement-Dreiecks erscheint für uns am schwersten erfüllbar? Was bereitet uns konkret Schwierigkeiten?
- Welche Beispiele, in denen es in unserer Organisation zu einem Business Case for Sustainability gekommen ist, können wir anführen?

Von der Nachhaltigkeitsstrategie zu konkreten Instrumenten

Wie die Integration der im vorigen Kapitel beschriebenen Anforderungen oder Herausforderungen im Alltag zu stemmen ist, ist sicherlich abhängig vom konkreten Kontext der betreffenden Organisation. Eine Grundlage, um die Integration langfristig-strategisch in der Organisation zu etablieren, stellt in der Regel die Entwicklung einer Nachhaltigkeitsstrategie und im Folgenden die Auswahl und Integration von Instrumenten des Nachhaltigkeitsmanagements dar. Auf beides werde ich in diesem Kapitel näher eingehen.

6.1 Langfristige Planung und/oder kurzfristige Anpassung? Planungsschule und Inkrementalismus

Eine Strategie kann verstanden werden als „Entscheidungs-, Maßnahmen- und Verhaltensbündel, das sich auf das gesamte Unternehmen und sein Leistungsprogramm bezieht und darauf ausgerichtet ist, langfristig Erfolgspotenziale aufzubauen oder abzusichern und so die obersten Ziele und Werthaltungen des Unternehmens dauerhaft zu erfüllen" (Vahs und Brem 2015, S. 97). Im besten Falle ist eine Strategie demnach auf die ganze Organisation bezogen, stellt die Erfolgspotenziale ins Zentrum der Aufmerksamkeit und ist verbunden mit bestimmten Werthaltungen und konkreten Zielen. Es geht also um ein in die Unternehmenskultur eingebettetes ziel- und planbasiertes Vorgehen. Wie umfassend diese Strategie ausfällt und wie statisch bzw. dynamisch ihre Komponenten gehalten werden, ist eine originäre Aufgabe des Managements einer Organisation.

M. Fischer, *Nachhaltigkeitsmanagement im Gesundheitswesen*, essentials, https://doi.org/10.1007/978-3-658-44394-8_6

Vor dem Nachdenken über die einzelnen Bestandteile der Nachhaltigkeitsstrategie stellt sich demnach zu Beginn zunächst eine grundlegende Frage: Kann angesichts der Annahme, dass die verschiedenen Organisationen des Gesundheitswesens durch das beschriebene Nachhaltigkeitsdilemma begrenzt sind, überhaupt mit einer strategisch langfristigen Brille auf die Herausforderungen gesehen werden, wenn es doch „akut brennt"? Nicht alle Organisationen werden dies bejahen und demnach von einem Tag auf den anderen ihre Prozesse im Sinne eines allumfassenden Nachhaltigkeitsmanagements umstellen können. Nur um hier kein Missverständnis entstehen zu lassen: Mit dieser Feststellung werden Organisationen des Gesundheitswesens nicht von ihrer Verantwortung, auch im Rahmen ihrer Möglichkeiten zu einer nachhaltigen Entwicklung beizutragen, freigesprochen. Nur stellt sich die Frage, wie groß diese Möglichkeiten wohl sind – eine Feststellung von Realitäten, die uns im Alltag wohl vielfach begegnen, wenn von der Überlastungssituation in Kliniken, Praxen oder sonstigen medizinischen oder pflegerischen Einrichtungen die Rede ist.

Wie ist also mit dieser Herausforderung umzugehen? Im Allgemeinen kommen hierfür mit dem Inkrementalismus und der sogenannten Planungsschule zwei grundlegende Ansätze infrage. Während die Planungsschule ein möglichst konsequentes zielorientiertes Handeln auf Basis umfassender und langfristiger Planung als wünschenswert erachtet, sieht der Inkrementalismus eher vor, sich an den aktuellen Gegebenheiten auszurichten und sich Schritt für Schritt und situationsabhängig nach vorne zu arbeiten (Vgl. Wagner 2003, S. 53). Beide Ansätze sind mit Vor- und Nachteilen verbunden, von denen einige beispielhaft in Tab. 6.1 genannt sind.

Wenn Sie sich für das Nachhaltigkeitsmanagement in Ihrer Organisation die Planungsschule zum Vorbild nehmen, könnte dies bedeuten, dass Sie Ihre Maßnahmen erst nach einer sehr umfassenden Vorbereitung, einer genauen Klärung der Ziele und einer präzisen Erläuterung der einzusetzenden Instrumente einführen. Sie würden dies vermutlich dahingehend begründen, dass die hohe Komplexität des Themas und die Vielzahl an Richtungen, in die ein Nachhaltigkeitsmanagement zielen kann, eine sorgfältige Abwägung im Vorhinein erforderlich machen. Ebenso würden Sie wohl argumentieren, dass nach der fundierten Analyse, der Einigung auf Ziele und der Festlegung von Maßnahmen eine umso stärkere Wirkung erzielt werden kann, welche etwaige Kosten durch die Zeit der Planung, in der noch keine konkreten Effekte erkennbar sind, mehr als aufwiegt.

Bei einer Argumentation auf Basis der inkrementalistischen Schule würden Sie dementsprechend darauf hinweisen, dass gerade die Vielzahl an Möglichkeiten, in Richtung einer nachhaltigen Entwicklung zu denken, bei gleichzeitig

Tab. 6.1 Vor- und Nachteile des Ansatzes der Planungsschule bzw. des Inkrementalismus

	Inkrementalismus	Planungsschule
Vorteile	• Hohe Flexibilität • Möglichkeiten der schnellen Strategieanpassung • Möglichkeit zu schnellen Erfolgen	• Berechenbarkeit und Planbarkeit für Mitarbeitende • Systematisches Vorgehen und Möglichkeit zur Betrachtung der „langen Linien"
Nachteile	• Mangelnde Transparenz bei Mitarbeitenden im Hinblick auf die Stoßrichtung der Organisation • Hohe Abhängigkeit von den kurzfristig-taktischen Fähigkeiten des Managements	• Schwierigkeiten bei schneller Strategieanpassung im Falle eines Misserfolgs • Strategiewechsel führt zu großer Verunsicherung • Schwierige Umsetzung angesichts kurzfristiger Anreizstruktur (Nachhaltigkeitsdilemma!)

hohem Handlungsdruck zunächst einmal ein „einfach ins Tun Kommen" erfordert. Gerade auch angesichts der hohen Auslastung der Mitarbeitenden und auch des Managements in Gesundheitseinrichtungen könnte ein weiterer „Masterplan" mit lange abzustimmenden und womöglich nicht immer realitätsnahen Anforderungen auf diese eher demotivierend wirken. Das inkrementalistische Vorgehen auf Basis kleiner Schritte hingegen könnte, so würden Sie wohl argumentieren, Erfolge rasch sichtbar machen und auf diese Weise eine Kultur des Umsetzens etablieren, die durch eine zentrale Planung womöglich nicht in gleicher Weise herzustellen wäre. Sie merken: Argumente finden sich für beide Seiten – und wie so oft hängt die Frage, welches Vorgehen für die eigene Organisation wohl zu empfehlen ist, vom Kontext ab. Um Sie jedoch nicht vor die allzu schwere Wahl zu stellen, sich für eine Seite entscheiden zu müssen, möchte ich zuletzt darauf hinweisen, dass in der Realität auch Mischformen und integrative Ansätze denkbar sind (vgl. Wagner 2003, S. 61 ff.).

6.2 Konzeption und Bestandteile einer Nachhaltigkeitsstrategie

Für die Konzeption einer Strategie gibt es – sowohl auf einer generellen Ebene als auch mit spezifischer Ausrichtung auf Nachhaltigkeitsstrategien – verschiedene Prozessanleitungen (vgl. z. B. Grüning und Kuhn 2011; Homburg 2012, S. 451 bzw. Nölting und Schmidt 2022, S. 79). Pufé (2017, S. 194) beschreibt das

Grundprinzip von nachhaltigkeitsorientierten Strategien passenderweise damit, „ökologische und soziale Aspekte systematisch bei Entscheidungsprozessen ein[zu]beziehen. Ökologisches und gesellschaftliches Engagement werden so eingesetzt, dass sie Wettbewerbsvorteile bringen und Differenzierung erlauben". Der Weg zur Strategie kann dabei als relativ strukturierter Prozess aufgefasst werden, der selbstverständlich je nach Kontext variieren kann. In diesem Unterkapitel möchte ich Ihnen eine Anleitung an die Hand geben, durch die Sie Schritt für Schritt den Prozess der Nachhaltigkeitsstrategieentwicklung nachvollziehen und für Ihre Organisation eine Nachhaltigkeitsstrategie entwickeln könnten. Sie sind aber selbstverständlich herzlich eingeladen, diese Anleitung je nach Bedarf und Erfordernisanzupassen.

1. Schritt: Analyse der strategischen Ausgangssituation
Um die eigene Situation und den Wettbewerb einschätzen zu können, steht zu Beginn der Strategieentwicklung in der Regel zunächst die Analyse der strategischen Ausgangssituation (vgl. Homburg 2012, S. 451). Es gilt hierbei, das Umfeld, in dem sich die Organisation bewegt, als auch die eigenen Kompetenzen, Stärken und Schwächen richtig einschätzen zu können. In Bezug auf die eigenen Kompetenzen sind natürlich insbesondere die nachhaltigkeitsbezogenen Kompetenzen, die im Unternehmen vorhanden sind, aufzuzeigen. Für die systematische Analyse kann grundsätzlich auf bewährte Methoden zurückgegriffen werden, beispielsweise die SWOT- oder die Benchmark-Analyse. Die interne Analyse von Stärken (Strengths) und Schwächen (Weaknesses) sowie der Blick auf die externen Chancen (Opportunities) und Herausforderungen oder Bedrohungen (Threats) wird durch die SWOT-Analyse im Rahmen einer intuitiv eingängigen Vierfelder-Matrix ermöglicht. Das einfache Grundprinzip soll jedoch nicht über das Erfordernis hinwegtäuschen, bei der Durchführung der Analyse möglichst umfassendes Datenmaterial zu sammeln, was in der Regel nicht mit einer kurzen Brainstorming-Sitzung getan ist (vgl. Schmitz und Halfmann 2022, S. 135 ff.). Die Benchmark-Analyse bietet eine alternative Möglichkeit und ermöglicht nach dem vereinfachten Grundprinzip „von den Besten lernen", Handlungsempfehlungen basierend auf dem Vergleich mit den innerhalb der Organisation (dann: internes Benchmarking) oder innerhalb des Wettbewerbs (externes Benchmarking) identifizierten Qualitätsführenden zu formulieren (vgl. Vahs und Brem 2015, S. 131 f.). In Bezug auf die Analyse kann zudem nochmal – möglichst unter Beteiligung der Stakeholder (beispielsweise im Rahmen eines Strategie-Workshops) – spezifisch auf das eigene Nachhaltigkeitsverständnis eingegangen werden, da dieses natürlich im Kontext der jeweiligen Branche variieren kann (vgl. Nölting und Schmidt 2022, S. 88) und im

Gesundheitswesen das Verständnis von Nachhaltigkeit ja tatsächlich verschiedene Bedeutungen annehmen kann.

2. Schritt: Formulierung einer Nachhaltigkeitsmission und einer Nachhaltigkeitsvision

Nach der Analyse der strategischen Ausgangssituation ist im Folgenden die Formulierung einer Vision und einer Mission der Organisation üblich. Die Vision soll als sinnstiftender, motivierender und handlungsleitender Blick in die Zukunft ein attraktives Zielbild beschreiben mit der Antwort auf die Frage: Wo wollen wir hin? (vgl. Vahs und Brem 2015, S. 98 f.). Die Mission hingegen beschreibt den konkreten Unternehmenszweck (vgl. Vahs und Brem 2015, S. 100), also im Grunde genommen die Antwort auf die Frage: Warum gibt es uns und was sehen wir als unsere Kernaufgabe? Bei der Formulierung einer Nachhaltigkeitsstrategie wäre es demnach Ihre Aufgabe, ein attraktives Zielbild in Bezug auf das von Ihnen formulierte Nachhaltigkeitsverständnis zu entwickeln. Wo wollen Sie mit Ihrer Organisation hin, was wäre Ihre Nachhaltigkeitsvision? Und in Bezug auf die Nachhaltigkeitsmission: Welche Aufgabe sehen Sie für Ihre Organisation auf dem Weg hin zu einer nachhaltigen Entwicklung? Dabei können Sie sich selbstverständlich auch auf die bereits beschriebenen Sustainable Development Goals (SDG) beziehen. Die Antworten auf diese Fragen werden Ihnen dabei helfen, das nachhaltigkeitsbezogene Potenzial Ihrer Organisation besser einschätzen zu können und geben Ihnen gleichzeitig einen Rahmen mit an die Hand, auf dessen Basis Sie von der abstrakten Vision in die konkrete Ableitung von Zielen einsteigen können.

3. Schritt: Zielformulierung

Genau die Ableitung von Zielen nämlich wäre der nächste Schritt im Prozess der Entwicklung einer Nachhaltigkeitsstrategie (vgl. Nölting und Schmidt 2022, S. 87). Damit können Sie für Ihre Organisation genauer definieren, was Sie sich konkret vornehmen. Sie haben die Möglichkeit, allgemeine Ziele zu formulieren oder nochmal zwischen kurz-, mittel- und langfristigen Zielen zu unterscheiden. Nur zur Klarstellung: Sie können sich bei langfristigen Zielen natürlich *auch* auf die SDG stützen, es geht jedoch hierbei eher darum, sich bei allen Zielen, die Sie in dieser Phase formulieren, auf Ihre eigene Organisation und ihren spezifischen Kontext zu beziehen. Es empfiehlt sich zudem, die Ziele SMART zu formulieren (siehe Hintergrundinformation in diesem Abschnitt), sprich: Welche ganz konkreten ökologischen und womöglich durch konkrete Kennzahlen messbare Einsparziele oder zu erreichende Wegmarken möchten wir uns für die Organisation setzen? Beispielsweise im Hinblick auf den Energie- oder Wasserverbrauch, in Bezug auf das Abfallaufkommen oder in Bezug auf den Ausstoß von Schadstoffen. Welche sozialen Ziele möchten wir uns setzen, beispielsweise für die Behandlung von Patientinnen und Patienten oder für unsere Mitarbeitenden? Und im Sinne der ESG-Kriterien: Welche Ziele setzen wir uns im Hinblick auf die Kriterien zur guten Organisationsführung (Governance), welchen ethischen oder rechtlichen Anforderungen wollen wir hier entsprechen oder diese sogar übertreffen? Da Ihre Organisationen selbstverständlich nicht alle Nachhaltigkeitsprobleme des Gesundheitssystems alleine lösen kann, können Ihnen bei der Formulierung von Zielen die für Ihre Organisation wesentlichen Themen behilflich sein, die Sie im Rahmen einer sogenannten „Wesentlichkeitsanalyse" ermitteln können (vgl. hierzu Abschn. 7.1).

SMARTe Anforderungen für effektive Ziele

S-pezifisch, die Ziele sind so spezifisch wie möglich gehalten
M-essbar, die Ziele können einer möglichst quantitativen Messbarkeit ausgesetzt werden
A-ttraktiv, die Ziele motivieren und sind für alle Teammitglieder akzeptabel
R-ealistisch, die Ziele sind nach Lage der Dinge auch erreichbar
T-erminiert, die Ziele haben einen Zeithorizont bzw. eine klare Frist, bis sie erreicht sind

4. Schritt: Definition konkreter Maßnahmen

Auf Basis der formulierten Ziele sind nun konkrete Maßnahmen zu definieren, wie die Ziele zu erreichen sind. Hierbei gibt es natürlich unterschiedlichste Maßnahmen, die in Bezug auf ökologische, soziale, wirtschaftliche oder Governance-Aspekte denkbar sind. Sie müssen demnach für Ihre Organisation prüfen, welche Maßnahmen sich prinzipiell eignen, um die Ziele zu erreichen, und mit welchem Aufwand, also in Bezug auf organisatorische, finanzielle und personelle Ressourcen, diese verbunden sind. Gerade in Bezug auf die ökologische, aber auch auf die soziale Säule der Nachhaltigkeit können Sie dabei auf ein Set an Hilfestellungen zurückgreifen, beispielsweise durch den Rückgriff auf standardisierte Normen oder auf Instrumente des Umwelt- und Nachhaltigkeitsmanagements, auf die ich im folgenden Unterkapitel noch kurz eingehen werde.

Es geht aber auch um die Entscheidung, wo Nachhaltigkeitsmanagement in der Organisation hierarchisch und organisatorisch verortet werden soll. Als Querschnittsaufgabe? Als separate Abteilung? Womöglich im Rahmen einer der Geschäftsführung zugeordneten Stabsstelle? Oder durch die ausdrückliche Ernennung von Nachhaltigkeitsbeauftragten? Die prinzipiellen Optionen sind hier sicher zahlreich. Ihre Umsetzung sollte natürlich so erfolgen, dass sich das Nachhaltigkeitsmanagement bestmöglich entfalten kann. Wobei es aber auch darauf ankommt, die zur Verfügung stehenden Ressourcen (z. B. ob eine separate Stelle angesichts des verfügbaren Budgetrahmens überhaupt realistisch ist) in die Entscheidung einzubeziehen.

5. Schritt: Evaluierung und Weiterentwicklung der Strategie
Zuletzt möchte ich Sie darauf hinweisen, dass eine Strategie kein lineares Modell
ist, sondern im Sinne eines iterativen Prozessverständnisses kontinuierlich zu eva-
luieren ist, um gegebenenfalls Gegenmaßnahmen einzuleiten oder sich erneut an
die Analyse der strategischen Ausgangssituation zu machen. Somit ist der letzte
Schritt, die Evaluation der Strategie, zugleich als erneuter Übergang zum ersten
Schritt, zu verstehen (vgl. Nölting und Schmidt 2022, S. 89). Bei der Festlegung,
wie die Maßnahmen evaluiert werden können, wird es Ihnen natürlich insbesondere entgegenkommen, wenn Sie die aufgestellten Ziele mit konkreten Kennzahlen
versehen haben, da auf diese Weise eine objektivere Form des Messens der Zielerreichung ermöglicht wird. Für größere Organisationen des Gesundheitswesens sind in
der Regel Controlling- oder Auditing-Abteilungen für die Evaluation der Strategie
bzw. Zielerreichung zuständig und berichten standardisiert an die Geschäftsführung.
Für kleinere Organisationen und Start-ups empfehlen sich regelmäßige Strategie-
Workshops, in denen Fortschritte dokumentiert und die Weiterentwicklung der
Strategie auf Basis des vorhandenen Datenmaterials angegangen werden.

6.3   Hilfestellungen für das konkrete Management

Wie angedeutet, müssen Sie sich die einzelnen Maßnahmen, die Sie aus Ihren
Zielen für das Nachhaltigkeitsmanagement ableiten, nicht zwingend selbst herlei-
ten. Vielmehr wurden in den letzten Jahrzehnten viele Hilfestellungen entwickelt,
auf die Sie bei Bedarf zurückgreifen können. Das gilt sowohl für einzelne
Methoden wie auch für standardisierte Normen. Eine Norm ist ganz grundsätzlich erstmal ein „Dokument, das Anforderungen an Produkte, Dienstleistungen
und Verfahren festlegt" (vgl. DIN o. J.a). International wird die Normentwick-
lung durch die International Organization for Standardization (ISO; www.iso.org)
geregelt, in Deutschland gibt es die Entsprechung im Deutschen Institut für
Normierung e. V. (DIN; www.din.de). Sowohl für den internationalen Kontext als auch in ihrer deutschen Übersetzung sind Normen für eine Vielzahl
nachhaltigkeitsrelevanter Themen entwickelt worden.
    In Bezug auf die Möglichkeiten zur Normierung möchte ich beispielhaft auf
die ISO 14001, die anhand eines iterativen Prozesses durch die Phasen „Plan, Do,
Check, Act" (PDCA-Zyklus) bei der Einrichtung und dem Erhalt eines Umwelt-
managementsystems unterstützt, verweisen (vgl. Reimann 2019). Oder auf die
ISO 26000, die statt eines zertifizierbaren Managementsystems einen „Leitfaden zur gesellschaftlichen Verantwortung von Organisationen" anbietet, welcher

Organisationen durch sieben Prinzipien (z. B. Transparenz, Achtung der Menschenrechte, ethisches Verhalten) und sieben Kernthemen (z. B. Umwelt, faire Betriebs- und Geschäftspraktiken, Einbindung und Entwicklung der Gemeinschaft) mit insgesamt 37 Handlungsfeldern die Überprüfung der Wahrnehmung der gesellschaftlichen Verantwortung und die Verknüpfung mit Managementnormen ermöglicht (vgl. ISO 2016). Das DIN bietet zudem eine Überblicksseite spezifisch zu Normen und Standards, die im Hinblick auf den Kampf gegen den Klimawandel von Interesse sein können (vgl. DIN o. J.b). International ist zudem eine neue Norm, die sich unter der Nummerierung ISO/WD 53.001 mit den Anforderungen eines Managementsystems zu den SDGs auseinandersetzt, derzeit im Entwicklungsstadium (vgl. ISO o. J.).

Wenn es um konkrete Methoden des Nachhaltigkeitsmanagements geht, verweise ich gerne auf eine im Lüneburger Centre for Sustainability Management entwickelte und von BMU und BDI (2002) herausgegebene Studie. Diese beschreibt in übersichtlicher Manier verschiedene Instrumente des Nachhaltigkeitsmanagements und des Nachhaltigkeitscontrolling in kurzen Faktenblättern und bietet im Stile eines „Kompendiums" nach wie vor einen wunderbaren ersten Überblick. Die Studie wurde einige Jahre später überarbeitet und erneut herausgegeben (vgl. BMU/ecosense/CSM 2007). Neben der Beschreibung der Methoden, Konzepte und Instrumente des Nachhaltigkeitsmanagements werden in der Publikation zudem ökologische, soziale und ökonomische Herausforderungen, die sich an diese stellen, diskutiert, ebenso wie die Integrationsherausforderung, die einzelnen Säulen in ihrer Integration zu adressieren. Daraus ergibt sich die direkte Linie vom Nachhaltigkeitsmanagement-Dreieck zu den einzelnen Instrumenten.

Neben diesen spezifischen Methoden aus dem Nachhaltigkeitsmanagement sind in Bezug auf das Gesundheitswesen natürlich auch spezifische Methoden aus den unterschiedlichen Bereichen, die für Nachhaltigkeitsmanagement im Gesundheitswesen besondere Wichtigkeit aufweisen, denkbar. Beispielsweise sei in Bezug auf nachhaltigen Krankenhauseinkauf bzw. nachhaltige Beschaffung auf die Literatur zum nachhaltigen Lieferkettenmanagement verwiesen (z. B. Müller und Siakala 2020), in Bezug auf das Qualitätsmanagement auf die spezifischen diesbezüglichen Werke zum Gesundheitswesen (z. B. Hensen 2016), auf die Literatur zum Energie- (z. B. Thalmayr 2020) und Abfallmanagement (z. B. Fischer 2024) wie auch – wenn explizit die ökonomische Säule der Nachhaltigkeit thematisiert werden soll – auf Literatur zum Nachhaltigkeitsmarketing (z. B. Scherenberg 2012) oder zur nachhaltigen Finanzierung im Gesundheitswesen (z. B. Baumast und Pick 2022).

Es wird deutlich, dass Sie hier insgesamt auf ein großes Spektrum aus ein- und weiterführenden Hilfestellungen zurückgreifen können. Neben diesen Beispielen aus der Literatur entwickeln sich auch spezifische Formate, Netzwerke und Allianzen rund um das Thema Nachhaltigkeit im Gesundheitswesen äußerst dynamisch. Die Initiative „Deutsche Allianz Klimawandel und Gesundheit e. V." (KLUG) beispielsweise gründete sich 2017 als Netzwerk von Individuen, Verbänden und Organisationen aus dem Gesundheitswesen und möchte basierend auf dem ganzheitlichen Planetary Health-Konzept sowohl über die Auswirkungen der Klimakrise aufklären als auch die notwendige Transformation begleiten (www.klimawandel-gesundheit.de/ueber-uns; zugegriffen: 24.01.2024). Als weiterer Think Tank hat die ZUKE Green Community ein Netzwerk aus Interessierten aus dem Gesundheitswesen und aus „Nachhaltigkeitsbotschafter*innen" aufgebaut, um Partnerinnen und Partner aus den Lieferketten des Gesundheitswesens bei der Transformation zu einer nachhaltigen Wirtschaft zu unterstützen (www.zukunft-krankenhaus-einkauf.de/zuke-green; zugegriffen: 24.01.2024). Derartige Initiativen verzeichnen einen stetig wachsenden Stamm von Nachhaltigkeitsinteressierten aus dem Gesundheitswesen, bieten Informationsmaterialien und richten Kongresse aus, die Ihnen Vernetzung und den Aufbau von Wissen ermöglichen. Weitere Beispiele für Vereine, Initiativen, Tagungen und Konferenzen bestehen zuhauf. Alles in allem also können Sie sich sicher sein: Beim Aufbau eines wirksamen Nachhaltigkeitsmanagements im Gesundheitswesen sind Sie nicht allein auf weiter Flur. Sie sind Teil einer dynamischen Community, deren Transformationspotenziale erst am Beginn ihrer wirklichen Entfaltung stehen.

Reflexion zum Kapitelende
Folgende Fragen können Sie sich zur Nachhaltigkeitsstrategie Ihrer Organisation stellen:

- Welchen Stellenwert hat die Nachhaltigkeitsstrategie bezogen auf die Gesamtstrategie des Unternehmens und wie können wir beide wirksam verknüpfen?
- Wie lautet unsere langfristige Nachhaltigkeitsvision und welchen Auftrag im Sinne einer Nachhaltigkeitsmission sehen wir für die Organisation?
- In welchem Wettbewerbsumfeld bewegen wir uns und welche nachhaltigkeitsbezogenen Kompetenzen würden wir in Ihrem Unternehmen verorten?
- Welche messbaren Ziele setzen wir uns in den einzelnen nachhaltigkeitsbezogenen Bereichen (z. B. Einkauf, Umwelt, Energie, Abfall, Mitarbeitende, Kund*innen/Patient*innen, Unternehmenshandeln) und welche konkreten Maßnahmen sehen wir für die Bereiche?

Der Nachhaltigkeitsbericht 7

Ein wesentliches Instrument, über den Stand der Nachhaltigkeit im Unternehmen zu reflektieren, ist der Nachhaltigkeitsbericht. Der Bericht kann auch dazu dienen, zukünftige Potenziale des Nachhaltigkeitsmanagements zu skizzieren. Aus diesem Grund lohnt es sich, einen näheren Blick auf die Berichterstattung zu werfen.

7.1 (Inter-)Nationale Hilfestellungen bei der Berichterstattung

Ganz grundsätzlich wird mit einem Nachhaltigkeitsbericht in der Regel angestrebt, „Stakeholder in geeigneter Weise darüber zu unterrichten, auf welche Weise Unternehmen die verschiedenen Nachhaltigkeitsherausforderungen miteinander verbinden und aufgreifen" (Herzig und Pianowski 2022, S. 286). Aber wie gestaltet man einen Nachhaltigkeitsbericht? Bei der Beantwortung genau dieser Frage können Sie auf eine Vielzahl von Hilfestellungen und Unterstützungen zurückgreifen, die sich in den vergangenen Jahrzehnten herausgebildet haben. In diesem Kapitel möchte ich mit den Standards der Global Reporting Initiative (GRI), einer 1997 gegründeten Initiative, die sich auf die Erstellung und internationale Verbreitung von Kriterien zur Nachhaltigkeitsberichterstattung spezialisiert hat, und dem Deutschen Nachhaltigkeitskodex (DNK), einem 2011 vom Rat für Nachhaltige Entwicklung unter Einbeziehung diverser Stakeholder erstmals entwickelten Standard für die unternehmerische Nachhaltigkeitsberichterstattung, auf zwei Beispiele eingehen.

▷ **Tipp**
Während viele der Berichtsanforderungen zahlenbasierte, also quanti-
tative Daten erfordern, besteht zum Teil auch die Möglichkeit, Aspekte
qualitativ zu beleuchten. Mein Rat an dieser Stelle lautet: Seien Sie
weder zu streng (da auch andere Organisationen sicher mit Herausforderungen kämpfen) noch zu prahlerisch (da es nicht um eine
Werbebroschüre geht, sondern der Bericht realistische Einblicke in
Ihre Nachhaltigkeitsbemühungen bieten soll) bei der Beurteilung der
Nachhaltigkeitsleistungen Ihrer Organisation. Stellen Sie sich am besten die Frage, was Sie selbst erwarten würden, wenn Sie den Bericht
einer Organisation lesen und sich dabei einen Überblick erarbeiten
möchten, wie die Organisation zum Thema Nachhaltigkeit steht. Es
ist wohl wie so oft im Leben: Die Mitte macht's.

Die GRI-Standards ermöglichen die Darstellung der Wechselwirkungen einer
Organisation mit Wirtschaft, Menschen und der Umwelt und wie sie mit diesen Auswirkungen umgehen kann. Innerhalb der GRI-Standards wird zwischen
drei Serien differenziert, die sich zunächst optisch durch die Zahl der Ziffern unterscheiden und einem modularen Aufbau folgen. Sie können sich die
einzelnen Standards also wie ein Baukastensystem vorstellen, dessen einzelne
Aspekte miteinander kombinierbar sind und Sie auf diese Weise Stück für Stück
zum Nachhaltigkeitsbericht führen. Eine Jahreszahl nach der jeweiligen GRI-
Nummer kennzeichnet deren jeweilige Veröffentlichung. Folgende grundsätzliche
Standards werden unterschieden (die folgenden Informationen beruhen auf der
Übersicht über die GRI-Standards in deutscher Sprache, die sich auf folgender
Website finden: https://www.globalreporting.org/how-to-use-the-gri-standards/gri-
standards-german-translations/, zugegriffen: 24.01.2024):

1. **„Universelle Standards"**: Diese sind dadurch zu erkennen, dass sie ledig-
   lich eine Ziffer aufweisen, und setzen sich aus den Modulen GRI 1, 2 und 3
   zusammen.
   a. GRI 1 befasst sich mit den absoluten Grundlagen und hat einen ein-
      führenden und erklärenden Charakter. So finden Sie hier ausführlich die
      Anforderungen, die Sie erfüllen müssen, um nach GRI-Standards zu berich-
      ten. Die wichtigsten Konzepte werden genau definiert und die Verwendung
      der GRI-Standards detailliert beschrieben. Es werden auch explizite Anfor-
      derungen gestellt, die ein Unternehmen erfüllen muss, um ganz offiziell
      „in Übereinstimmung mit" den GRI-Standards zu berichten. Beispielsweise
      hat das Unternehmen die wesentlichen Themen (siehe Punkt 1.c. zu GRI 3

sowie die Hintergrundinformation in diesem Abschnitt) zu bestimmen und zu begründen, warum es Anforderungen und Angaben gegebenenfalls auch nicht berichten kann. Falls auf Basis dieser Anforderungen keine Übereinstimmung in Anspruch genommen werden kann, beschreibt GRI 1, wie eine Berichterstattung zumindest „unter Bezugnahme auf" die GRI-Standards möglich ist.

b. GRI 2 bezieht sich nun auf allgemeine Angaben. In insgesamt 30 Angaben geht es darum, über allgemeine Informationen und das Profil der jeweiligen Organisation zu berichten. So werden Fragen der Unternehmensführung ebenso thematisiert wie die Einbindung von Stakeholdern oder strategische Fragen, Richtlinien und generelle Praktiken. Unter Angabe 2–22 ist zudem eine Anwendungserklärung zur Strategie für nachhaltige Entwicklung des Unternehmens explizit gefordert. Sie können sich die Angaben wie eine Art Checkliste vorstellen, die Sie sukzessive durchgehen können, um auf diese Weise Angaben zu Ihrer Organisation und den Rahmenbedingungen rund um die nachhaltige Entwicklung zu machen.

c. GRI 3 geht nun nochmal auf die wesentlichen Themen der Organisation ein und drückt die Wichtigkeit aus, welche die „Wesentlichkeitsanalyse" in Bezug auf die Nachhaltigkeitsberichterstattung aufweist (siehe Hintergrundinformation in diesem Abschnitt). In vier Schritten wird eine Anleitung zur Ermittlung der wesentlichen Themen gegeben, zudem werden explizite Angaben eingefordert, um die ermittelten Themen wirklich im Einklang mit den GRI-Standards zu berichten.

2. „Branchenstandards": Wie der Name schon andeutet, wurden diese Standards für spezifische Branchen entwickelt und sind durch zwei Ziffern eindeutig identifizierbar. Öl- und Gassektor (GRI 11), Kohlebranche (GRI 12) sowie Landwirtschaft, Aquakultur und Fischerei (GRI 13) sind die derzeit verfügbaren Standards, weitere sollen folgen. Für das Gesundheitswesen besteht jedoch kein expliziter Branchenstandard, insofern werden die zweiziffrigen GRI-Standards für Sie in der Regel nicht relevant sein.

3. „Themenstandards": Die dritte Kategorie ist durch drei Ziffern zu erkennen und dient als Unterstützung für spezifische Themen. Standards der 200er-Linie decken ökonomische und Governance-Aspekte ab (z. B. GRI 201 Wirtschaftliche Leistung, GRI 205 Anti-Korruption), Standards der 300er-Linie können ökologischen (z. B. GRI 304 Energie) und Standards der 400er-Linie sozialen Themen (z. B. GRI 403 Sicherheit und Gesundheit am Arbeitsplatz) zugeordnet werden. Themen, die in der Wesentlichkeitsanalyse nach GRI 3 als wesentlich identifiziert wurden, können auf diese Weise nochmals spezifisch berichtet werden.

Was versteht man unter einer Wesentlichkeitsanalyse?

Die Wesentlichkeitsanalyse ist vor dem Hintergrund zu betrachten, dass das Thema „Nachhaltigkeit" natürlich unterschiedliche Facetten aufweist, die nicht allesamt in gleicher Weise für eine Organisation Relevanz haben. Umgekehrt ist die Organisation natürlich nicht in der Lage, ihrerseits alle Nachhaltigkeitsherausforderungen der Erde gleichermaßen zu adressieren. Deshalb muss nachhaltiges Handeln auch immer vor dem Hintergrund des organisationalen Kontextes beurteilt werden. Die Wesentlichkeitsanalye bietet Ihnen die Chance, die für Ihre Organisation wesentlichen Themen zu identifizieren und zu priorisieren. Unterschieden wird zwischen wesentlichen Aspekten, durch welche die Organisation ihre sozioökologische Umwelt beeinflussen kann (die sogenannte „Inside-out-Perspektive") und solchen Aspekten der sozio-ökologischen Umwelt, die wiederum das Handeln der Organisation beeinflussen („Outside-in-Perspektive"). Die Wesentlichkeitsanalyse ist dabei sowohl in GRI 3 ausführlich beschrieben als auch Teil der Analyse im Deutschen Nachhaltigkeitskodex (vgl. Maier et al. 2023, S. 24).

Ein im deutschen Raum ebenfalls geläufiger Standard ist der bereits erwähnte Deutsche Nachhaltigkeitskodex, der Anwendenden mit 20 Kriterien die Möglichkeit zur Nachhaltigkeitsberichterstattung inklusive Zertifizierung bietet. Auf der DNK-Website werden die einzelnen Schritte zur Anfertigung eines DNK-Berichts beschrieben (https://www.deutscher-nachhaltigkeitskodex.de/de/bericht/bericht-erstellen/erste-schritte/#; zugegriffen: 24.01.2024). Es besteht unter anderem die Möglichkeit, gewisse Voreinstellungen vorzunehmen und auf diese ein entsprechend „personalisiertes" Template herunterzuladen, das die Bearbeitung vereinfacht. Ebenso wird angeregt, die DNK-Erklärung zum Anlass zu nehmen, um über das eigene Nachhaltigkeitsmanagement zu reflektieren und gegebenenfalls Verbesserungen anzustoßen.

Eine spannende Entwicklung für das Gesundheitswesen ergab sich im Oktober 2023, als explizit ein Leitfaden „Erstellung einer DNK-Erklärung für Gesundheitseinrichtungen" veröffentlicht wurde (vgl. Maier et al. 2023). Dieser wurde unter der Mitwirkung verschiedener Expert*innen aus dem Gesundheitsbereich erarbeitet und bietet spezifisch für das Gesundheitswesen eine inhaltliche Konkretisierung, Hinweise zur Beachtung bei der Erstellung der DNK-Erklärung, Tipps und weiterführende Links sowie konkrete Beispiele aus dem Gesundheitswesen für jedes einzelne der 20 DNK-Kriterien. Auch auf dieser Basis wird es Ihnen also ermöglicht, den Nachhaltigkeitsbericht sukzessive aus dem Leitfaden abzuleiten und dabei jeweils durch die Beispiele zu checken, wie andere Akteure aus dem Gesundheitswesen zu den einzelnen Kriterien berichten.

>> **Fazit**

Keine Scheu vor der Anfertigung eines Nachhaltigkeitsberichts:
Durch die GRI-Standards oder die DNK-Erklärung für Gesundheitseinrichtungen stehen Ihnen Hilfestellungen zur Verfügung, die Sie
Schritt für Schritt durch die Erstellung eines Nachhaltigkeitsberichts
führen.

7.2 Gestiegene Anforderungen durch Regulierung

Das Gesundheitssystem gilt an sich schon als zentraler Aspekt der Daseinsvor-
sorge. Da Gesundheit und Wohlergehen auch als SDG 3 expliziten Einzug in die
Nachhaltigkeitsziele der Vereinten Nationen gefunden haben, könnte man ver-
muten, dass Regelungen zur Qualitätssicherung in der Medizin, Maßnahmen zur
Verbesserung der Patientenzufriedenheit oder finanzielle Anreize zur Bekämp-
fung des Mangels in ärztlichen und medizinischen Fachberufen per se schon als
nachhaltig gelten können. Und sicher liegt man mit dieser Einschätzung erstmal
nicht falsch.

Darüber hinaus jedoch haben sich in den letzten Jahren teils auf Ebene der
Europäischen Union, teils im Rahmen bundesrechtlicher Maßnahmen Regulierungen ergeben, die nicht nur für Akteure des Gesundheitswesens, aber zum Teil
eben *auch* für diese gelten. Viele der gesetzlichen Anforderungen sind zu kom-
plex, um sie in diesem Essential eingehend beleuchten zu können. Ich belasse
es deshalb bei einer groben Orientierung und möchte dabei auf drei für das
Nachhaltigkeitsmanagement besonders wichtige Entwicklungen kurz eingehen:

- Am 5. Januar 2023 trat die neue, bereits erwähnte **Corporate Sustainability
  Reporting Directive (CSRD)** der EU in Kraft, die innerhalb von 18 Monaten
  in nationales Recht zu überführen ist. Für viele Unternehmen stellt die neue
  Richtlinie einen Paradigmenwechsel dar. Bereits seit 2014 mussten einige
  größere Unternehmen von öffentlichem Interesse bereits im Rahmen der
  Non-Financial Reporting Directive bestimmte nicht-finanzielle Erklärungen
  zusätzlich zu ihrem eigentlichen Geschäftsbericht abgeben. Die CSRD sieht
  nun vor, dass einerseits der Kreis der berichtspflichtigen Unternehmen erheblich ausgeweitet wird (maßgeblich für die Frage, ob ein Unternehmen zu
  berichten hat, sind Kriterien wie die Zahl der Mitarbeitenden, ein bestimmter
  Nettoumsatz und die Bilanzsumme – wird ein Schwellenwert in zwei der
  drei Kriterien überschritten, ist zu berichten). Andererseits sind die sozialen

und ökologischen Kriterien nicht mehr getrennt, sondern gemeinsam mit den
ökonomischen und Governance-Aspekten zu berichten. Im Grunde genommen
geht es faktisch um die Verschmelzung der Geschäftsberichts- mit der Nachhaltigkeitsberichterstattung oder zumindest darum, soziale und ökologische
Aspekte auf dieselbe Stufe wie ökonomische und Governance-Kriterien zu
stellen. Zudem sind eine verpflichtende externe Prüfung des Berichts sowie
weitere Anforderungen vorgesehen (für diese sowie weitere Informationen siehe auch: https://www.csr-in-deutschland.de/DE/CSR-Allgemein/CSR-
Politik/CSR-in-der-EU/Corporate-Sustainability-Reporting-Directive/corpor
ate-sustainability-reporting-directive-art.html; zugegriffen: 24.01.2024). Die
Kriterien, über die zu berichten ist („European Sustainability Reporting Standards", kurz ESRS) wurden seit 2022 von der European Financial Reporting
Advisory Group (EFRAG) entwickelt. Neben zwei branchenübergreifenden
Querschnittsstandards gibt es themenbezogene Standards in den drei Bereichen „Umwelt", „Soziales und Menschenrechte" sowie „Governance". Wenn
Sie sich hier detaillierter einlesen möchten, finden Sie eine erste Übersicht
beispielsweise bei Wulf & Velte (2023).
- Mit der CSRD gewissermaßen verknüpft sind die Regelungen der sogenannten **EU-Taxonomie.** Diese Verordnung stellt ein System zur Erfassung
nachhaltiger Wirtschaftsaktivitäten und zur gezielten Lenkung von Investitionen in nachhaltige Geschäftsmodelle dar (vgl. Schütze et al. 2020).
Plakativ gesprochen geht es darum, dass zur Verfügung stehende Finanzmittel eben nicht mehr in nicht-nachhaltige Unternehmen fließen sollen, sondern
Investor*innen auf Basis der EU-Taxonomie klar einschätzen können, wie
nachhaltig das Unternehmen in Bezug auf die ESG-Kriterien wirtschaftet. Es
ist also absehbar, dass Organisationen, die in ihre ESG-bezogenen Ressourcen investieren, hiervon zukünftig wirklich auch einen finanziellen Mehrwert
haben, indem sie leichter und in höherem Maße von Investitionen profitieren.
Deshalb wäre die Empfehlung auch für Organisationen aus dem Gesundheitswesen, sich frühzeitig mit dem Beitrag zur nachhaltigen Entwicklung und der
transparenten Kommunikation gegenüber Stakeholdern eingängig zu befassen.
- Auch Unternehmen aus dem Gesundheitswesen mit mindestens 1000 (vor
2024: 3000) Arbeitnehmer*innen haben sich bereits heute an das Gesetz
über die unternehmerischen Sorgfaltspflichten in Lieferketten, kurz **Lieferkettensorgfaltspflichtengesetz,** zu halten. Dieses Gesetz bringt vor allem
für Einkaufsabteilungen in Gesundheitseinrichtungen einen teils erheblichen
Mehraufwand mit sich, wenn es um die nachhaltige Beschaffung geht. Andererseits soll durch das Gesetz verhindert werden, dass es in einer globalisierten

Arbeits- und Wirtschaftswelt bei der Produktion, Nutzung oder Weiterverarbeitung von Produkten und der Zusammenarbeit mit Zuliefererbetrieben zu Menschenrechtsverletzungen oder Schädigungen der Umwelt kommt. Das Gesetz hat die Verantwortung des einzelnen Unternehmens für die Einhaltung bestimmter sozialer und ökologischer Standards auch auf Vorfälle ausgebaut, die nicht ausschließlich in seinem Kernbereich liegen. Unterschieden wird zwischen dem eigenen Geschäftsbereich eines Unternehmens, seinen unmittelbaren Zulieferern und seinen mittelbaren Zulieferern – und jeder dieser Kategorien sind bestimmte Sorgfaltspflichten zugeteilt (für die folgenden und weitere Informationen sei auf die Website des Bundesministeriums für wirtschaftliche Zusammenarbeit und Entwicklung verwiesen: https://www.bmz.de/de/themen/lieferkettengesetz; zugegriffen: 24.01.2024): Besonders im eigenen Geschäftsbereich und bei unmittelbaren Zulieferern sind umfangreiche Regelungen zum Ergreifen von Präventions- und Abhilfemaßnahmen vorgesehen, um potenziell negativen Auswirkungen vorzubeugen und entgegenzutreten. Falls ein mittelbarer Zulieferbetrieb möglicherweise einen Verstoß begeht, ist auch hier u. a. ein Konzept zur Minimierung und Vermeidung umzusetzen. Auf europäischer Ebene sind in Bezug auf die Lieferketten von Unternehmen ebenfalls Entwicklungen zu verzeichnen. Unter der auffälligen Abkürzung CSDDD wurde auch eine europäische Lieferkettenrichtlinie (Corporate Sustainability Due Diligence Directive) lange Zeit vorbereitet. Nachdem der Entwurf durch ein wochenlanges politisches Tauziehen bereits kurz vor dem endgültigen Scheitern stand, wurde die Richtlinie schlussendlich mit reduzierten Anforderungen sowie mit stufenweiser Einführung doch noch verabschiedet. Überblicksinformationen der EU-Kommission mit weiterführenden Links finden Sie unter folgendem Link: https://commission.europa.eu/business-economy-euro/doing-business-eu/corporate-sustainability-due-diligence_en; zugegriffen: 24.01.2024.

Regulierungen dieser Art stehen stellvertretend dafür, dass sich die rechtlichen Anforderungen zum nachhaltigen Handeln für Organisationen insbesondere im unternehmerischen Kontext in den letzten Jahren erheblich verschärft haben. Während dies für viele Organisationen zunächst einmal ein ärgerliches Mehr an Bürokratie mit sich bringt, stellt es gleichwohl auch die Chance dar: Indem sie sich nachhaltiger aufstellen, winken Belohnungen in Form gestiegener Reputation und nicht zuletzt ein verbesserter Zugang zu Investitionsmitteln. Sie merken also: Nachhaltigkeit kann sich zunehmend auch unternehmerisch für Sie lohnen.

Reflexion zum Kapitelende
Folgende Fragen können Sie sich zum Nachhaltigkeitsverständnis Ihrer Organisation stellen:

- Welche Form der Nachhaltigkeitsberichterstattung streben wir an? Können uns die GRI-Standards oder der DNK hierbei eine Unterstützung sein?
- Wer kann uns bei der Anfertigung eines Nachhaltigkeitsberichts unterstützen?
- Welche regulatorischen Anforderungen werden sich auch auf unsere Organisation niederschlagen und wie können wir auf diese proaktiv reagieren?

Ausblick 8

Nicht zuletzt durch die zunehmend engmaschige Regulierung wird deutlich: Zukünftig wird der Nachhaltigkeitsberichterstattung, aber auch auf grundsätzlicher Ebene der nachhaltigen Ausrichtung von Organisationen eine enorm wichtige Bedeutung zukommen. Dies gilt nicht zuletzt auch für Organisationen aus dem Gesundheitswesen. Neben dem Thema Nachhaltigkeit kommt der Digitalisierung, die insbesondere im Gesundheitswesen noch starken Nachholbedarf hat, eine enorme Wichtigkeit zu. Kluge Organisationen werden versuchen, die Schritte zur Förderung der Digitalisierung mit ihren Schritten zum Nachhaltigkeitsmanagement zu verknüpfen, da hier große Potenziale für Schnittmengen bestehen. Ich hoffe, dieses Essential hat Ihnen zumindest in puncto Nachhaltigkeitsmanagement bereits einige Inspirationen hierfür gegeben.

M. Fischer, *Nachhaltigkeitsmanagement im Gesundheitswesen*, essentials, https://doi.org/10.1007/978-3-658-44394-8_8

Was Sie aus diesem *essential* mitnehmen können

- Nachhaltigkeitsmanagement strebt den Business Case for Sustainability an – öko- und sozio-effizientes Organisationshandeln bei gleichzeitiger Sicherstellung, dass die ökonomischen Ziele erreicht werden.
- Nachhaltigkeitsmanagement, verstanden als Synonym zu CSR- und ESG-Management, bietet auch für Organisationen aus dem Gesundheitswesen die Möglichkeit, sich für die Zukunft aufzustellen und dabei schon heute ökonomische Vorteile zu erzielen.
- Zielkonflikte durch systemische Mängel können allerdings zu Beginn für Organisationen aus dem Gesundheitswesen einen erhöhten Ressourcenaufwand bedeuten. Es gilt, nach sogenannten Business Cases for Sustainability (vgl. Schaltegger et al. 2019) zu streben, indem Nachhaltigkeit nicht mit ökonomischen Anforderungen konkurriert, sondern indem gerade durch nachhaltiges Handeln ökonomischer Erfolg langfristig gesichert wird.
- Eine Nachhaltigkeitsstrategie und spezifische Instrumente/Methoden können die Aufwände in Grenzen halten und bieten Orientierung.
- Besonders für große Unternehmen ergeben sich durch das Lieferkettensorgfaltspflichtengesetz sowie die europäische CSRD und die EU-Taxonomie künftig erhöhte Berichtpflichten und die Notwendigkeit, die reguläre Geschäftsberichts- mit der Nachhaltigkeitsberichterstattung zu verweben.

Literatur

Bandelow NC, Eckert F, Rüsenberg R (2012) Wie funktioniert Gesundheitspolitik? In: Klein B, Weller M (Hrsg) Masterplan Gesundheitswesen 2020. Nomos, Baden-Baden, S 37–64. https://doi.org/10.5771/9783845240053-37

Baumast A (2022) Perspektive Nachhaltigkeit – Effizienz, Konsistenz und Suffizienz als Unternehmensstrategien. In: Baumast A, Pape J (Hrsg) Betriebliches Nachhaltigkeitsmanagement. Verlag Eugen Ulmer, Stuttgart, S 423–436. https://doi.org/10.36198/9783838550220

Baumast A, Pick E (2022) Nachhaltigkeit und Kapitalbeschaffung von Unternehmen. In: Baumast A, Pape J (Hrsg) Betriebliches Nachhaltigkeitsmanagement. Verlag Eugen Ulmer, Stuttgart, S 381–404. https://doi.org/10.36198/9783838550220

Beckmann M, Schaltegger S (2014) Unternehmerische Nachhaltigkeit. In: Heinrichs H, Michelsen G (Hrsg) Nachhaltigkeitswissenschaften. Springer, Berlin Heidelberg, S 321–367. https://doi.org/10.1007/978-3-642-25112-2_9

BMI (Bundesministerium des Innern und für Heimat) (2023) Stakeholderanalyse – Methodensteckbrief. Gesamtredaktion und fachliche Beratung: Bundesverwaltungsamt. https://www.orghandbuch.de/OHB/DE/OrganisationshandbuchNEU/4_MethodenUndTechniken/Methoden_A_bis_Z/Stakeholderanalyse/Stakeholderanalyse_node.html. Zugegriffen: 24. Jan 2024

BMU/BDI (Bundesministerium für Umwelt, Naturschutz und Reaktorsicherheit/Bundesverband der Deutschen Industrie e. V.) (2002) (Hrsg)- Nachhaltigkeitsmanagement in Unternehmen. Konzepte und Instrumente zur nachhaltigen Unternehmensentwicklung. Autoren: Prof. Dr. Stefan Schaltegger, Christian Herzig, Oliver Kleiber, Jan Müller. Centre for Sustainability Management, Universität Lüneburg. https://www.sustainament.de/wp-content/uploads/Nachhaltigkeitsmanagement_in_Unternehmen.pdf. Zugegriffen: 24. Jan 2024

BMU/ecosense/CSM (Bundesministerium für Umwelt, Naturschutz und Reaktorsicherheit/ecosense – Forum Nachhaltige Entwicklung der Deutschen Wirtschaft e.V./Centre for Sustainability Management) (2007) (Hrsg) Nachhaltigkeitsmanagement in Unternehmen. Von der Idee zur Praxis. Managementansätze zur Umsetzung von Corporate Social Responsibility und Corporate Sustainability. Autoren: Prof. Dr. Stefan Schaltegger, Christian Herzig, Oliver Kleiber, Torsten Klinke, Jan Müller. Centre for Sustainability

© Der/die Herausgeber bzw. der/die Autor(en), exklusiv lizenziert an Springer Fachmedien Wiesbaden GmbH, ein Teil von Springer Nature 2024
M. Fischer, *Nachhaltigkeitsmanagement im Gesundheitswesen*, essentials, https://doi.org/10.1007/978-3-658-44394-8

Management, Leuphana Universität Lüneburg. https://www.sustainament.de/wp-content/uploads/nachhaltigkeitsmanagement_unternehmen.pdf. Zugegriffen: 24. Jan 2024

Braungart M (2022) Exkurs: Cradle to Cradle im Gesundheitswesen – Eine Innovationschance. In: Graalmann J, von Hirschhausen E, Blum K (Hrsg) Jetzt oder nie: Nachhaltigkeit im Gesundheitswesen. MWV, Berlin, S 47–52. https://doi.org/10.32745/978395466 7802

Brundlandt Report (1987) Report of the World Commission on Environment and Development: Our Common Future. https://sustainabledevelopment.un.org/content/documents/5987our-common-future.pdf Zugegriffen: 24. Jan 2024

Carroll AB (1979) A three-dimensional conceptual model of corporate performance. AMR 4(4):497–505. https://doi.org/10.2307/257850

Dathe T, Dathe R, Dathe I, Helmold M (2022) Corporate social responsibility (CSR), sustainability and environmental social governance (ESG). Management for Professionals. Springer, Cham. https://doi.org/10.1007/978-3-030-92357-0

DIN (o.J.a) DIN – kurz erklärt. https://www.din.de/de/ueber-normen-und-standards/basisw issen. Zugegriffen: 24. Jan 2024

DIN (o.J.b). Normen und Standards gegen den Klimawandel. https://www.din.de/de/forsch ung-und-innovation/themen/klimawandel/anwenden. Zugegriffen: 09. Jan 2024

Döring R, Ott K (2001) Nachhaltigkeitskonzepte. zfwu 2(3):315–342. https://doi.org/10. 5771/1439-880X-2001-3

Endres A (2016) Prima Klima?! – Zur Evaluation des internationalen Klimaschutzabkommens von Paris. WiSt 4(2016):208–210. https://doi.org/10.15358/0340-1650-2016-4-208

EU-Kommission (2001) Grünbuch – Europäische Rahmenbedingungen für die soziale Verantwortung der Unternehmen. https://eur-lex.europa.eu/legal-content/DE/TXT/PDF/?uri=CELEX:52001DC0366. Zugegriffen: 24. Jan 2024

EU-Kommission (2011) Eine neue EU-Strategie (2011–14) für die soziale Verantwortung der Unternehmen (CSR). https://eur-lex.europa.eu/legal-content/DE/TXT/PDF/?uri=CELEX:52011DC0681. Zugegriffen: 24.Jan 2024

EU-Kommission (2023) Questions and Answers on the Adoption of European Sustainability Reporting Standards vom 31. Juli 2023. https://ec.europa.eu/commission/presscorner/det ail/en/qanda_23_4043. Zugegriffen: 24. Jan 2024

EU-Parlament (2023) Wie will die EU bis 2050 eine Kreislaufwirtschaft erreichen? Erstellt am 4.2.2021, aktualisiert am 15.11.2023. https://www.europarl.europa.eu/news/de/hea dlines/society/20210128STO96607/wie-will-die-eu-bis-2050-eine-kreislaufwirtschaft-erreichen. Zugegriffen: 24.Jan 2024

Fischer M (2015) Fit for the future? A new approach in the debate about what makes healthcare systems really sustainable. Sustainability 7(1):294–312. https://doi.org/10.3390/su7 010294

Graalmann J, Rödiger T, Blum K, Kreßler F (2022) Das Nachhaltigkeitsdilemma im deutschen Gesundheitswesen. In: Graalmann J, von Hirschhausen E, Blum K (Hrsg) Jetzt oder nie: Nachhaltigkeit im Gesundheitswesen. MWV, Berlin, S 3–14. https://doi.org/10. 32745/9783954667802

Grünig R, Kühn R (2011) Process-based strategic planning. Springer, Berlin Heidelberg. https://doi.org/10.1007/978-3-642-16715-7

Hensen P (2016) Qualitätsmanagement im Gesundheitswesen. Springer Fachmedien, Wiesbaden. https://doi.org/10.1007/978-3-658-07745-7

Herzig C, Pianowski M (2022) Betriebliche Nachhaltigkeitsberichterstattung In: Baumast A, Pape J (Hrsg) Betriebliches Nachhaltigkeitsmanagement. Verlag Eugen Ulmer, Stuttgart, S 275–304. https://doi.org/10.36198/9783838550220

Homburg C (2012) Marketingmanagement: Strategie-Instrumente-Umsetzung-Unternehmensführung. Springer Gabler, Wiesbaden

Horneber M, Möller C, Tegtmeier C (2023) Nachhaltigkeitsmanagement im Gesundheitswesen: Verantwortung für die Zukunft übernehmen. Kohlhammer, Stuttgart

Hornung J, Bandelow NC (2020) Ist Qualität politisch steuerbar? Governance- Interessen- und Zielkonflikte im deutschen Gesundheitswesen. GuS 74(1):12–17. https://doi.org/10. 5771/1611-5821-2020-1

Horváth Studie (2023) Status Quo der Nachhaltigkeitstransformation 2023. Nachhaltig gegen alle Widerstände. Horváth Topstudie. https://www.horvath-partners.com/de/media-center/studien/status-quo-der-nachhaltigkeitstransformation. Zugegriffen: 24.Jan 2024

ISO (International Organization for Standardization) (2016). ISO 26000 basic training material in the form of a power point. Version March 2016. https://www.iso.org/files/live/sites/isoorg/files/standards/docs/en/ISO_26000_basic_training_material_annexslides_2017.pptx. Zugegriffen: 24.Jan 2024

ISO (International Organization for Standardization) (o. J.) ISO/WD 53001. Management Systems for UN Sustainable development goals – Requirements. https://www.iso.org/standard/86672.html. Zugegriffen: 24. Jan 2024

Kopfmüller J (2007) Auf dem Weg zu einem integrativen Nachhaltigkeitskonzept. Ökologisches Wirtschaften 22(1):16–18. https://doi.org/10.14512/oew.v22i1.496

Kopfmüller J (2011) Das Integrative Nachhaltigkeitskonzept der Helmholtz-Gemeinschaft. Idee – Anwendung – Perspektiven. Workshop des Netzwerks Nachhaltigkeit am KIT „Perspektiven der Nachhaltigkeit am KIT". Karlsruhe, 15.2.2011. Institut für Technikfolgenabschätzung und Systemanalyse (ITAS). https://www.mensch-und-technik. kit.edu/img/3_Kopfmueller_NeNa-Workshop_2011_-_Integratives NH_Konzept.pdf. Zugegriffen: 24. Jan 2024

Loew T, Ankele K, Braun S, Clausen J (2004) Bedeutung der internationalen CSR-Diskussion für Nachhaltigkeit und die sich daraus ergebenden Anforderungen an Unternehmen mit Fokus Berichterstattung. Endbericht. future e.V./Institut für ökologische Wirtschaftsforschung (IÖW) gGmbH. Berlin, Münster 2004

Loew T, Rohde F (2013) CSR und Nachhaltigkeitsmanagement. Definitionen, Ansätze und organisatorische Umsetzung im Unternehmen. Institute for Sustainability, Berlin 2013. (Update August 2013). URN: urn:nbn:de:101:1-201409169551

Maier B, Bordt M, Sidki M (2023) Erstellung einer DNK-Erklärung für Gesundheitseinrichtungen. Leitfaden. Oktober 2023. Rat für Nachhaltige Entwicklung/Nachhaltig/Deutscher Verein für Krankenhaus-Controlling

Meadows D, Meadows D, Zahn E, Milling P (1972) Die Grenzen des Wachstums Bericht des Club of Rome zur Lage der Menschheit. dva informativ, Stuttgart

Michelsen G, Adomßent M (2014) Nachhaltige Entwicklung: Hintergründe und Zusammenhänge. In: Heinrichs H, Michelsen G (Hrsg) Nachhaltigkeitswissenschaften. Springer, Berlin Heidelberg, S 3–59. https://doi.org/10.1007/978-3-642-25112-2_1

Müller M, Siakala S (2020) Nachhaltiges Lieferkettenmanagement: Von der Strategie zur Umsetzung. De Gruyter Oldenbourg, Berlin Boston. https://doi.org/10.1515/978311065 2628

Nölting B, Schmidt J (2022) Entwicklung einer Nachhaltigkeitsstrategie für die Neuausrichtung von Unternehmen. In: Baumast A, Pape J (Hrsg) Betriebliches Nachhaltigkeitsmanagement. Verlag Eugen Ulmer, Stuttgart, S 79–101 https://doi.org/10.36198/978383855 0220

Praum K (2015) CR, CSR und Nachhaltigkeit. Nicht dasselbe, aber das Gleiche. AmCham Jahrbuch „Corporate Responsibility 2015 – Bestandsaufnahme und Zukunftsperspektiven für Corporate Responsibility". ACC, Frankfurt, S 40–46. ISBN: 978-3-945999-02-8

Pufé I (2017) Nachhaltigkeit. UVK, Konstanz München. https://doi.org/10.36198/978383 8587059

Reimann G (2019) Erfolgreiches Umweltmanagement nach DIN EN ISO 14001:2015 und EMAS. Lösungen zur praktischen Umsetzung. Herausgeber: DIN Deutsches Institut für Normung e. V. Beuth Verlag, Berlin Wien Zürich. ISBN: 978-3-410-29623-2

Schaltegger S (2013) Sustainability Management. In: Idowu SO, Capaldi N, Zu L, Gupta AD (Hrsg) Encyclopedia of Corporate Social Responsibility. Springer, Berlin Heidelberg, S 2384–2388. https://doi.org/10.1007/978-3-642-28036-8_741

Schaltegger S (2015) Die Beziehung zwischen CSR und Corporate Sustainability. In: Schneider A, Schmidpeter R (Hrsg) Corporate Social Responsibility: Verantwortungsvolle Unternehmensführung in Theorie und Praxis. Springer Gabler, Berlin S 199–209. https://doi.org/10.1007/978-3-662-43483-3_13

Schaltegger S, Hansen EG, Spitzeck H (2016) Corporate sustainability management. In: Heinrichs H, Martens P, Michelsen G, Wiek A (Hrsg) Sustainability science: an introduction. Springer, Dordrecht, S 85–97. https://doi.org/10.1007/978-94-017-7242-6_7

Schaltegger S, Hörisch J, Freeman RE (2019) Business cases for sustainability: A stakeholder theory perspective. O&E 32(3):191–212. https://doi.org/10.1177/108602661772 2882

Schaltegger S, Müller M (2007) CSR zwischen unternehmerischer Vergangenheitsbewältigung und Zukunftsgestaltung. In: Müller M, Schaltegger S (Hrsg) Corporate Social Responsibility. Neue Wege und Ansätze. Oekom Verlag, München, S 17–38

Scherenberg V (2012) Nachhaltigkeitsmarketing vs. nachhaltiges Marketing am Beispiel der gesetzlichen Krankenkassen. In: Hoffmann S, Schwarz U, Mai R (Hrsg) Angewandtes Gesundheitsmarketing. Springer Gabler, Wiesbaden, S 59–73. https://doi.org/10.1007/ 978-3-8349-4035-3_5

Schmitz F, Halfmann M (2022) BWL im Krankenhaus für Ärztinnen und Ärzte. Springer, Berlin Heidelberg. https://doi.org/10.1007/978-3-662-64546-8

Schütze F, Stede J, Blauert M, Erdmann K (2020) EU taxonomy increasing transparency of sustainable investments. DIW Weekly Report 10(51):485–492. https://doi.org/10.18723/ diw_dwr:2020-51-1

Steinmann H, Schreyögg G (2013) Management. Grundlagen der Unternehmensführung, Konzepte – Funktionen – Fallstudien. Springer Gabler, Wiesbaden. https://doi.org/10. 1007/978-3-658-26514-4

Thalmayr M (2020) Energieeffizienz im Krankenhaus: Fördermittel sind oft das Zünglein an der Waage. kma 25(11):104–105. https://doi.org/10.1055/s-0040-1721288

Vahs D, Brem A (2015) Innovationsmanagement. Von der Idee zur erfolgreichen Umsetzung. Schäffer-Poeschel, Stuttgart. ISBN:10-9783791034201

von Carlowitz HC (1713/2013). Sylvicultura oeconomica. In: Von Carlowitz, HC, Hamberger J (Hrsg), Sylvicultura oeconomica. Oekom Verlag, München, S 89–589. ISBN: 9783865815392

von Hauff M (2023) Entwicklungsgeschichte des Nachhaltigkeitsbegriffs. In: Hartung S, Wihofszky P (Hrsg) Gesundheit und Nachhaltigkeit. Springer Reference Pflege – Therapie – Gesundheit. Springer, Berlin Heidelberg. https://doi.org/10.1007/978-3-662-64954-1_2-1

Wagner A (2003) Managed Evolution. Schriftenreihe für Controlling und Unternehmensführung Edition Österreichisches Controller-Institut. Deutscher Universitätsverlag, Wiesbaden. https://doi.org/10.1007/978-3-322-81073-1

Wulf I, Velte P (2023) European Sustainability Reporting Standards (ESRS). Überblick zu den Berichtsinhalten des neuen Nachhaltigkeitsberichts. ZCG 5(23):228–235. https://doi.org/10.37307/j.1868-7792.2023.05.09

Fischer M (2024) Nachhaltigkeit und Müll im Gesundheitswesen. GGW 4(1):17–26.

Printed in the United States
by Baker & Taylor Publisher Services